未来の生活をつくる

家庭科で育む生活リテラシー

明治図書

はじめに

　本書『未来の生活をつくる—家庭科で育む生活リテラシー』は，日本家庭科教育学会の創設60周年を記念して刊行するものである。

　家庭科は，1947年に，新しい民主的な家庭建設のための教科として，社会科とともに誕生した。それから70年，小，中，高校を通して「家族と生活をみつめ，よりよい生活をつくる」ことをめざす必修教科として，また知識とスキルを活用し，生活のなかで思考や共生の意識を育む教科として，子どもの成長に寄り添ってきた。
　この間の家庭科の歩みは大きく2つの視点から語ることができるだろう。一つは，女子用教科から男女必修教科への歩み，もう一つは，家庭生活を社会的課題も視野に入れて包括的に学ぶ教科への歩みである。これらの歩みは，日本や世界の社会変化や政策（男女差別撤廃や人権にかかわる国際機関の諸憲章や条約，グローバルな地球環境の保全や経済の変動など）を背景としたものである。と同時に，家庭科関係者が，個人として，あるいは集団や組織として児童や生徒，教科の問題と向き合い，目指すべき教科の本質や，教育の内容・方法について，研究や実践を積み上げ，その成果の発信をとおして道を拓いてきたともいえる。

　日本家庭科教育学会では，60周年を機に特別研究委員会「家庭科未来プロジェクト」を立ち上げた。学会がこれまで実施してきた全国調査（1980, 2001, 2004年）の結果を踏まえ，全国の高校生と社会人を対象として，2016年に「家庭生活に関わる意識や高等学校家庭科に関する全国調査」を実施した。
　調査に当たり着目したのは次の2点である。
　第1は，知識・技能の活用や思考力・判断力・表現力を重視する新たな学力の方向性と，家庭科で育ててきた力，育てようとする力との関わりについてである。家庭科は，自己や家族の生活をみつめ，よりよい生活とは何かを考え，それを実現する力の育成を目指してきている。「生活」を学習対象とする唯一の教科として，知識や技能を活用し，良い生活をつくろうとする力を「生活リテラシー」と捉え，生徒がこの力をどう獲得しているかをみた。
　第2は，男女必修家庭科の成果や課題についてである。1994年の高等学校における男女必修開始から四半世紀がたち，男女が共に学んだ最初の世代が30代後半の子育て期にある。「イクメン」という用語を実体あるものにしてきた世代ともいえる。この世代の特徴について他世代との比較を試みた。これらの調査結果の一端は学会大会や学会誌（Vol.61, 1-3号）で報告してきている。

本書では，調査結果をより多くの読者に届けるため，調査の全容を俯瞰し，多様なデータを示して高校生や社会人の生活行動や意識，家庭科観などを分析した。また，自由記述に記された多くの生の声を収録した。そうすることで家庭科誕生から約70年たった家庭科教育の姿をできるだけ正確に浮き彫りにし，これからの家庭科の課題や可能性についてまとめることを目指した。また，家庭科の一層の充実に向け，今後大事にしたい教育の視点や生徒の主体的な思考や活動を引き出す家庭科授業のありかたについて検討した。

　全体は2部構成である。第Ⅰ部では，高校生調査，社会人調査の結果を示し，その結果を読み解いている。また第Ⅱ部では，調査結果を基に，これからの家庭科で大事にしたい4つのキーワード「生活の科学的認識」「生活に関わる技能・技術の習得」「他者との協力，協働，共生」「未来を見通した設計」を提案し，解説している。さらに，それらの各視点と関わりの深い小，中，高校の9つの家庭科の授業を掲載している。

　本書は多くの方のご助力や参画のもとで完成した。調査にご協力いただいた全国の高等学校家庭科教師や高校生，大学や行政，企業など社会人の皆様，授業実践を執筆いただいた学会員の皆様に心よりお礼申し上げたい。

　学習指導要領が改訂され，児童生徒の体験を重視し，思考力や判断力を鍛えるという方向性が示された。家庭科で，体験を通して思考を深め，「生活」をより良くしようとする能力をどう育てるかについて，本書は様々な切り口から語っている。各種のデータや調査結果，家庭科の視点や実践を活用し，これからの家庭科の一層の充実に役立てていただければと思う。また，家庭科関係者だけでなく，生活につながる学びが大切と考える教育研究者や市民の方々にも，ぜひ読んでいただければと思う。生活の主体者を育てる家庭科への理解を深め，これからの家庭科教育の果たす役割を展望するうえで，折りにふれ手に取っていただける一冊となれば望外の喜びである。

2019年4月　　　　　　　　　　　　　　　　　　　　　　　　　日本家庭科教育学会会長

　　　　　　　　　　　　　　　　　　　　　　　　　　　　　　荒井　紀子

Contents 目次

はじめに …… 2

第Ⅰ部
全国調査からみえる高校生・社会人の今と家庭科 …… 7

調査全体の目的と方法 …… 8

1 高校生調査

1 調査の概要 …… 9

2 高校生は家庭科をどのような教科と思っているか …… 10
　（1）家庭科はどのような教科か …… 10
　（2）家庭科を学ぶ意義をどう捉えているか …… 11

3 高校生は家庭科でどんな力が身についたと考えているか …… 12

4 高校生は生活にどう関わっているか …… 14
　（1）高校生の生活実践状況は …… 14
　（2）生活実践状況にみる男女の差は …… 15

5 高校生は生活の中でどんなことを考えているのか …… 16
　（1）自分のことをどう思っているのか …… 16
　（2）高校生のジェンダー観は …… 17
　（3）自立する上で大切なことは …… 18
　（4）政治や政策への関心は …… 19
　（5）社会活動への参加意識は …… 20
　（6）生活実践状況と生活意識の関係は …… 21

6 家庭科で身についたと考えている力と生活実践や生活意識の関係 …… 22

（1）家庭科で身についたと考えている力と生活実践の関係は …… 22

（2）家庭科で身についたと考えている力と生活意識の関係は …… 23

7 高校生は家庭科の授業に何を望んでいるか …… 24

【コラム1】家庭科の教員の声 …… 26

2　社会人調査

1 調査の概要 …… 30

2 社会人は家庭科をどのようにみているか …… 31

（1）学んでよかったか，どのような教科か …… 31

（2）重視したい学び …… 34

3 社会人は家庭科でどのような力が身についたと考えているか …… 36

4 社会人はどのような生活意識をもっているのか …… 38

（1）ジェンダー観 …… 38

（2）市民性 …… 40

5 社会人はどのように生活を実践しているのか …… 42

（1）パートナーシップ …… 42

（2）生活実践状況 …… 44

6 社会人の家庭科で身についたと考えている力は
　　生活意識・実践につながっているか …… 46

【コラム2】今だから分かる　家庭科の学び …… 48

3　まとめ　―調査の総括とこれからの課題― …… 50

第Ⅱ部
家庭科で育む資質・能力と授業実践 …… 59

1 家庭科教育の学びを再考する

- 視点1　生活の科学的認識 …… 62
- 視点2　生活に関わる技能・技術の習得 …… 66
- 視点3　他者との協力，協働，共生 …… 70
- 視点4　未来を見通した設計 …… 74

2 未来の生活をつくる力を育む家庭科授業の提案

- 授業1　より良い食品選択するには？：牛乳等飲み比べから知る食品表示の読み解き …… 78
- 授業2　部屋にふさわしいカーテンを選ぼう …… 84
- 授業3　子どもの日を祝う調理実習を演出しよう …… 90
- 授業4　アイロンを極めよう …… 96
- 授業5　ライフステージにふさわしい住まいとは …… 102
- 授業6　サバ飯(サバイバル飯)チャレンジ：被災者の声を生かして家族が元気になれるサバ飯を考えよう …… 108
- 授業7　自分の未来を描こう …… 114
- 授業8　リスクについて考える …… 120
- 授業9　じょうずに使おうお金と物：持続可能な社会の実現に向けて，自分にできることを考えよう …… 128

おわりに …… 134
付　録　高校生調査原票，社会人調査原票 …… 138
執筆者一覧 …… 143

第1部

全国調査からみえる高校生・社会人の今と家庭科

調査全体の目的と方法

　2017，2018年（平成29，30年）に小・中・高等学校，特別支援学校の学習指導要領が改訂された。そこでは，それぞれの教科が育てようとしている資質・能力は何か，各教科独自のものの見方や考え方はどのような学習や経験を通して身につけていくことができるのかが問われている。また，その資質・能力は，どのような力となってそれぞれの将来の生活を支えるものとなっていくのかを展望する中で，検討することが求められている。

　現在，高等学校では，男女がともに家庭科を学ぶようになってから25年が経過しようとしている。それまでの女子だけが家庭科を学んでいた時代と比べて，男女がともに家庭科を学んで卒業した社会人は，各自の家庭生活や社会生活に対する意識や実践にどのような違いが見られているのだろうか。また，男女が家庭科をともに学ぶことが当たり前の時代に生きている高校生たちは，家庭科を履修することに対してどのように感じ，また家庭科での学びをどのように自身の生活に生かしているだろうか。

　本書で紹介する2つの調査結果は，このような問題意識を背景に日本家庭科教育学会が，家庭科教育の推進と発展に寄与する研究を推進することを目的に，2016〜2017年に，高校生と社会人を対象として実施した結果の一部である。

　これらの調査は，それぞれ，以下のテーマと目的のもとに行われた。

「家庭科の意義・役割や生活実態を探る高校生調査」
目的：全国の高校生を対象とする調査をもとに，生活に対する意識や実態を探ること。そして，彼らの意識と実践の関係を見る中で，家庭科の特性や生活主体としてのありようを確認し，これからの高等学校家庭科についての成果と課題を明らかにすること。

「高等学校家庭科男女必修の成果と課題を探る社会人調査」
目的：男女必修で学ぶ家庭科が，男女が協力して家庭を営み，子育てする生活者を育てることにどのように影響を与えているかを調査により明らかにすること。そして，統計的な調査に基づく成果と課題を示すとともに，自由記述の内容をあわせて，調査回答者の家庭科に対する考えやこれからの家庭科に対する期待を整理すること。

　　　　本調査結果の詳細は，日本家庭科教育学会誌 Vol.61 1−3号に掲載しています。

1 高校生調査

1 調査の概要

(1) 調査方法・分析方法・対象者

　調査は，2016年7月～2017年1月に，全国の国公立全日制高等学校50校に在籍する4,980人の高校生を対象に，家庭科担当教員の協力のもと，自記式質問紙法で実施した。分析対象は，質問項目の完全回答者4,302人（男子1,778人，女子2,467人，性別未記入57人）で，有効回答率は86.4％だった。調査結果は，統計処理し性別による比較を行った。また，普段の生活に関わる実践（生活の自立，消費・環境，情報，共生など）状況，生活意識，家庭科で身についたと考えている力で相互の関連をみた。

(2) 調査内容

　調査内容は，「家庭科観（10項目）」「家庭科で身についたと考えている力（11項目）」「生活に関する実践や意識（48項目）」の計69の質問項目で構成した（表Ⅰ-1-1）。「家庭科観」は，教科観と学ぶ意義の項目で構成し，「家庭科で身についたと考えている力」は，5つの内容で構成した。「生活に関する実践や意識」は，「生活に関する実践」と「生活意識」に区分し，「生活に関する実践」は，生活的自立，消費・環境への配慮，情報の活用，共生・協働に関わる実践に関わる項目で構成し，「生活意識」は，自己理解・自尊感情，ジェンダー観，自立や共生，市民性（政治や政策への関心，社会活動への参加意識）の項目で構成した。これらの質問項目に加えて，「家庭科授業への要望」については自由記述による回答も考察の際の参考資料とした。

表Ⅰ-1-1　高校生調査の内容

家庭科観	家庭科で身についたと考えている力	生活に関する実践や意識	
		生活に関する実践	生活意識
□教科観（4） ・家庭科はどのような教科か □学ぶ意義（6） ・何ができるようになる教科か ・家庭科への評価	□身についたと考えている力（11） ・知識・技能 ・思考力・判断力 ・表現力 ・実践力 ・協働	□生活的自立（6） ・衣食住の生活 ・生活時間管理 □消費・環境への配慮（2） □情報の活用（1） □共生・協働にかかわる実践（2）	□自己理解・自尊感情（10） □ジェンダー観（9） ・性役割 ・性差別 □自立や共生（6） □市民性（12） ・政治や政策への関心 ・社会活動への参加意識

表中の数字は，質問項目数を示す。

2 高校生は家庭科をどのような教科と思っているか

(1) 家庭科はどのような教科か

　高校生は，家庭科をどのような教科（教科観）と思っているのだろうか。図Ⅰ-1-1は，高校生に「家庭科をどのような教科だと思いますか」と尋ねた結果を示している。

　高校生の家庭科の教科観は，「料理や裁縫などの家事や身辺整理の仕方について学ぶ教科」が最も高い。現在，家庭科の授業時間は少なく，さらに社会の変化に対応して学習内容も変化しており，調理実習や被服実習の授業は少なくなっている。96.1%の高校生が「料理や裁縫などの家事」と思っているのは，実生活で学ぶ機会が減っているため，より記憶に残りやすいことが推察される。その他，「家庭生活を中心とした人間の生活について総合的，実践的に学ぶ教科」「将来，結婚したり子育てをしたりするための知識や技術を習得するための教科」「家庭から社会へも目を向け，家庭の在り方や生き方について学ぶ教科」についても約9割が肯定的に捉えており，高校生が家庭科を広い視点で捉えていることがわかる。ほとんどの高校生が，家庭科は，家事について学ぶだけでなく，人間生活を総合的に学び，将来の結婚や子育ての知識や技術を習得し，社会への視点や生き方にもつながる教科だと捉えている。

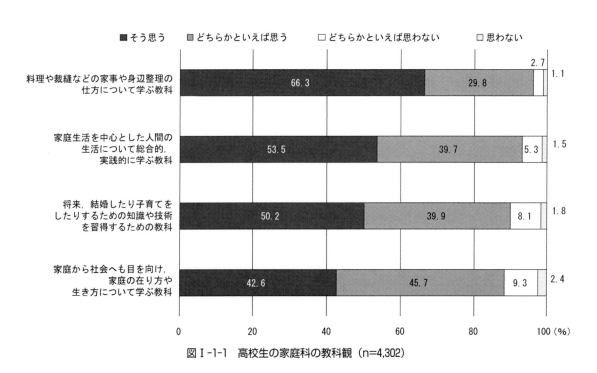

図Ⅰ-1-1　高校生の家庭科の教科観（n=4,302）

（2）家庭科を学ぶ意義をどう捉えているか

　高校生は家庭科を学ぶことについて、どのように考えているのだろうか。家庭科を学ぶとできること（学ぶ意義）を尋ねた結果が図Ⅰ-1-2である。

　家庭科を学ぶ意義について、「そう思う」「どちらかといえばそう思う」を合わせると、「手や体を使って技術を身につけたり、生活に役立つことを学んだり、他の教科とは違った生きた勉強ができる」が92.6％で最も高く、ほとんどの高校生が、家庭科は生活に関わる技術・技能を習得することを評価し、他教科と違って生きた勉強ができると家庭科の独自性を認識している。さらに、「家庭や暮らしの問題への関心が深まる」88.4％、「自分の生活を振り返ったり見直したりすることができる」87.0％と高く、高校生が生活を見直して暮らしの問題に関心をもつことができると実感している。また、「実習で力を合わせたり、調べ学習などで話したり、友達の意見を聞いたりすることができる」も83.8％と高く、家庭科はグループ活動が多いことから他者との協力・協働を実践できると考えている。また、「自分の将来や人生のことなど普段あまり考えないことに目がむくようになる」82.0％、「生活の問題を見つけたり、それをどう解決するかを考えたりできる」81.6％で、8割以上の高校生が将来設計や生活問題の解決を考えることができると評価している。

　生活問題を解決して未来を創る力は、現在21世紀を生きる子どもたちに必要な力として、学校教育で育成すべき資質・能力であり、高校生が家庭科を学ぶことによって将来設計や生活問題を考えられると、家庭科を学ぶ意義を認識している。

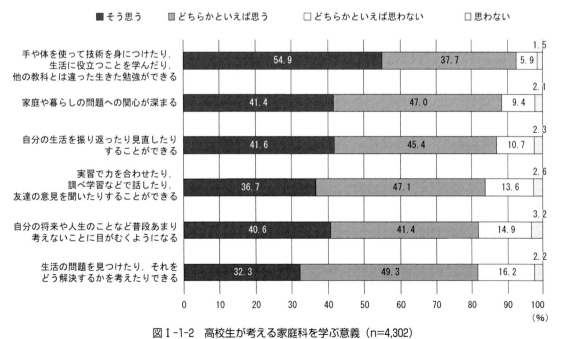

図Ⅰ-1-2　高校生が考える家庭科を学ぶ意義（n=4,302）

3 高校生は家庭科でどんな力が身についたと考えているか

　高校生は，家庭科でどんな力が身についたと考えているのだろうか。高校生が家庭科を学んで身についたと考えている力を把握するため，「知識・技能」「思考力・判断力」「表現力」「実践力」「協働」に関する質問項目を設定して，家庭科を学んだことによる自身の変化を尋ねた結果が図Ⅰ-1-3である。

　高校生が家庭科で身についたと考えている力は，「そう思う」「どちらかといえばそう思う」を合わせると，「生活に関する基礎的な知識や技能が身についた」が92.0％で最も高い。一方で「実践力」をみると，「生活の中で自分のことは自分でするようになった」67.9％，「商品を買うとき，表示を見て比較したり，計画的に購入したりするようになった」は65.9％で，学んだ知識・技能を生活へ実践したり活用したりする力が低い。近年，家庭での家事は簡便化され，高校生が家庭で家事を実践する機会も減少する中で家庭科の学習を通じて実践力を養うことの重要性が浮かび上がる。しかしながら，「環境に配慮した生活を心がけるようになった」は80.8％と高い。図Ⅰ-2-2で，家庭科を学ぶと「生活の見直しができる」と87.0％が回答しているが，家庭科の授業は自分の生活を見直すことにとどまらず，環境に配慮した生活への実践へとつながっていることが示唆される。

　また，「幼児やお年寄り，障がいのある人への理解が深まった」が87.8％で「共生」に対する知識理解が高い。そして，「家庭生活は男女が協力して営むものであると考えるようになった」90.0％，「将来のことやこれからの人生について考えるようになった」84.0％，「子育ての意義と親の役割について考えるようになった」80.4％と，人との共生や将来の人生設計についての「思考力・判断力」が身についたと考えている割合が高い。一方で，「少子高齢化や消費者問題など，今日の家庭生活に関わる社会問題について考えるようになった」は72.5％にとどまる。家庭科の授業で批判的思考を働かせて，広い視点で生活や社会の問題について考えられるような深い学びにつながる授業づくりが必要であろう。

　「協働」については，91.8％が「調理実習などグループ活動で協力して行うことができた」と回答している。「そう思う」だけをみると57.0％で全項目の中で最も高い。調理実習のように限られた時間で助け合って完成させるという目的がはっきりしているようなグループでの学習活動は，「協働」を育成する上で効果的であることが示唆される。

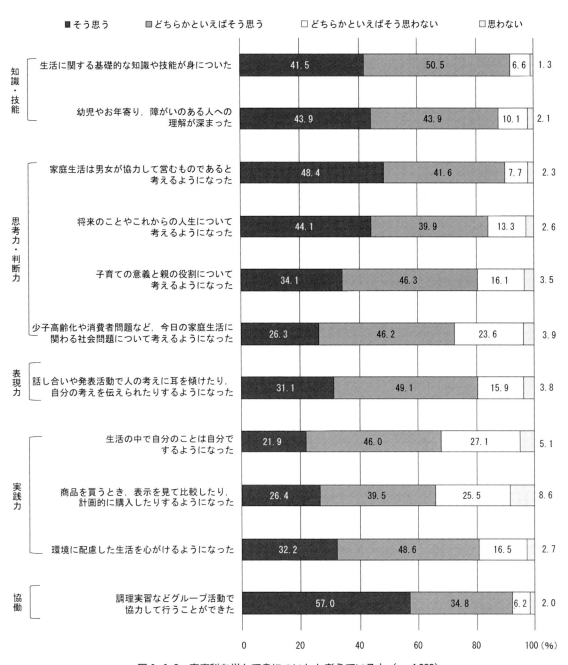

図Ⅰ-1-3　家庭科を学んで身についたと考えている力（n=4,302）

4 高校生は生活にどう関わっているか

（1）高校生の生活実践状況は

　高校生は，ふだん生活にどう関わっているのだろうか。高校生の生活実践の状況を把握するため，衣食住生活や時間管理などの自立や，消費・環境，情報，共生の実践・活用に関わる質問項目を設定して，ふだんの実践状況を尋ねた。その結果，図Ⅰ-1-4に示すように，「近隣の人との住まい方のルールやマナーを守って生活する」「バスや電車でお年寄りや身体の不自由な人がいたら席をゆずる」といった他者とよりよく関わる共生に関する実践は高い。一方で，「包丁やフライパンなどを使って食事をつくる」をいつもしているのは7.6％，「商品を選ぶときは品質表示を確認する」は18.0％，「ボタンがとれたときに，自分でボタンをつける」20.5％と家事実践や商品選択における活用力が低い。

　高校生の生活で問題となりやすい生活リズムについて「生活時間や生活リズムを自分でコントロールしている」をいつもしているのは33.4％にとどまり，また，「食事は栄養バランスを考えて食べる」も21.0％で，生活や健康に関する自己管理能力に課題がある高校生が多い。

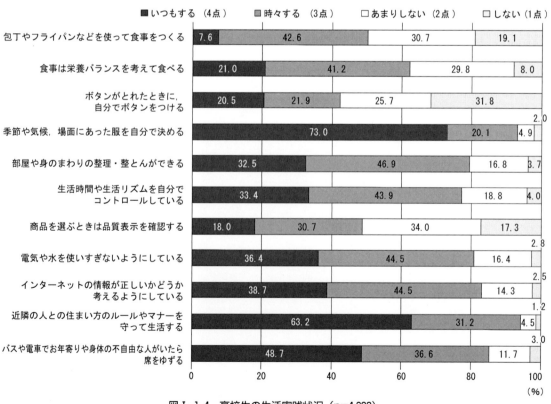

図Ⅰ-1-4　高校生の生活実践状況（n=4,302）

（2）生活実践状況にみる男女の差は

　高校生の生活実践の状況について，男子と女子の違いをみるため，図Ⅰ-1-4の質問11項目における実践状況を「いつもする」4点，「時々する」3点，「あまりしない」2点，「しない」1点として得点化して，男子，女子の各質問項目の平均点を比較したのが図Ⅰ-1-5である。

　男子が女子より高いのは「インターネットの情報が正しいかどうか考えるようにしている」のみで，女子の方が総じて高い。特に，「季節や気候，場面にあった服を自分で決める」「包丁やフライパンなどを使って食事をつくる」「ボタンがとれたときに，自分でボタンをつける」といった自立に関わる実践や，「近隣の人との住まい方のルールやマナーを守って生活する」「バスや電車でお年寄りや身体の不自由な人がいたら席をゆずる」といった共生に関わる実践が男子よりも女子の方が高く，男女差が大きい。

　そのため，質問11項目を平均した男女の総合点をみても，男子2.86に対して女子は3.09で，男子よりも女子の方が生活実践は高い。高校生は，部活動や塾など忙しく自活していないため，自分で生活を創るという意識は低いと考えられる。しかし，生活実践の状況にあきらかに男女差がみられた。男子高校生への生活実践・活用力を育成することが課題である。

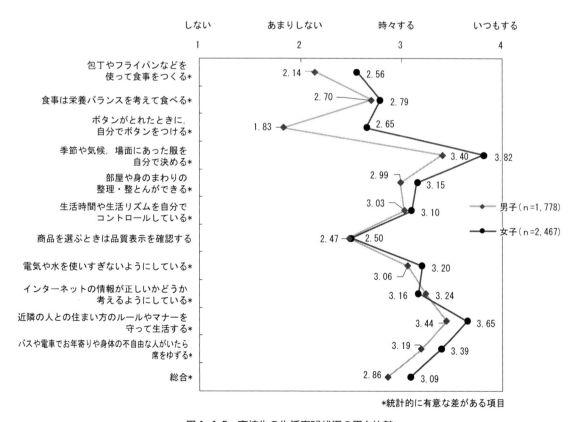

図Ⅰ-1-5　高校生の生活実践状況の男女比較

5 高校生は生活の中でどんなことを考えているのか

（1）自分のことをどう思っているのか

　高校生は自分のことをどう思っているのだろうか。図Ⅰ-1-6は，自分のことについて評価して「そう思う」「どちらかといえばそう思う」を合わせた結果である。全項目で男女ともに大多数の生徒が肯定的な自己理解を示した。「自分ひとりで限界を感じたときには，誰かに相談したり，助言を求めたりすることがある」「人のために行動することが好きだ」と回答した女子が8割以上であったのに対して男子は7割強と，他者との交流や関わりの持ち方に性差が確認できた。

　高校生の自尊感情は，必ずしも高くない。中でも特に注目すべきなのは，「自分には自慢できるところがある」と回答した生徒が半数程度にとどまっており，女子の方が有意に低い結果となった。また，「時々役立たずだと感じる」「何事もうまくいかないのは自分のせいだと思いがち」も女子のほうが高めになっており，ネガティブに自己評価する傾向が示唆された。

　さらに，女子の2人に1人，男子の3人に2人は「責任のある役割はなるべくしたくない」と回答している点にも注目したい。高校生が，学校や社会，家庭で何らかの責任ある役割が与えられたり，そのことが自己実現や成功体験に結び付いたりすることが少ないことが懸念される。

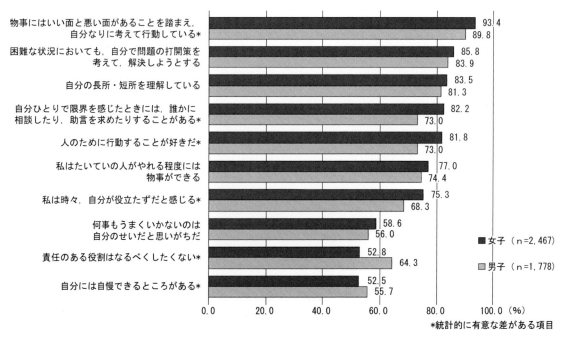

図Ⅰ-1-6　高校生の自己理解・自尊感情

（2）高校生のジェンダー観は

　高校生は，ジェンダー観（社会的文化的に形成された性別：内閣府）についてどう思っているのだろうか。図Ⅰ-1-7は「夫は外で働き，妻は家庭を守るべきである」といった性別役割意識についての結果である。男子の約3分の2，女子の約4分の3の生徒が「そう思わない」「どちらかといえばそう思わない」と回答しており，高校生は性別役割意識が低いものの，肯定している割合が男子の方が女子よりも高い。

　図Ⅰ-1-8は，ジェンダーに関する質問項目について「そう思う」「どちらかといえばそう思う」を合わせた結果である。性別にかかわらず「男女で家事育児を協力して行うのがよい」との回答が最も多く95％以上の生徒が肯定している。この結果は，性別役割意識をもっている生徒の中にも，家事育児については男女で協力して行うほうがよいとの意識があることを示唆している。

　男女の賃金格差については，9割程度の生徒が「問題だ」との意識をもっているが，女子の方が有意に高い。また，8割以上の生徒が「男女ともに経済的に自立すべき」と考えているが，女子の方が有意に高い。男子生徒は，女性に対して「料理や裁縫が上手」と回答する割合が女子よりも15.6％も高く，女性に対して固定的なイメージを抱いている。

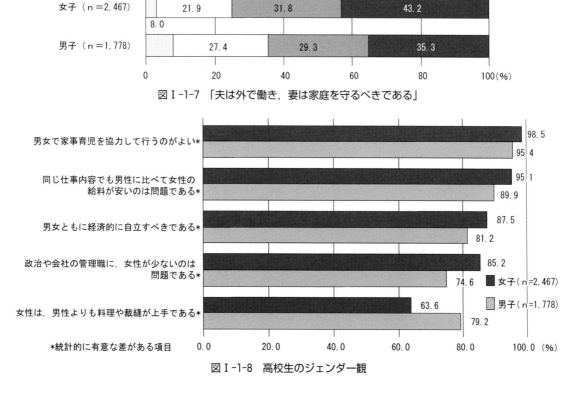

図Ⅰ-1-7 「夫は外で働き，妻は家庭を守るべきである」

図Ⅰ-1-8　高校生のジェンダー観

(3) 自立する上で大切なことは

　高校生は自立して生きていくうえで何を大切だと思っているのだろうか。図Ⅰ-1-9は，自立（生活的，精神的，経済的，性的，社会的）や共生の６つの項目について重要と思っている割合を示している。概ねすべての項目で男子生徒より女子の方が重要視する割合が高くなっていた。

　女子生徒が最も重視しているのは「公共の場で，市民としてのマナーを守る（社会的自立）」で，９割弱と有意に男子より高かった。次いで，「経済的に自立する（一人前に収入を得る）」，「生き方を自分で選択することができる（精神的自立）」，「体の仕組みがわかり，自分や相手の望まない妊娠を避けることができる（性的自立）」，「身の回りのことや家事・育児ができる（生活的自立）」と続き，最も低かった「人と関わり，人を支えたり助けたりすることができる（共生意識）」でもおよそ４人に３人が重視していた。

　一方，男子生徒が最も高かったのは「経済的自立」で，唯一，女子よりも重視する割合が有意に高い項目であった。次いで，「社会的自立」が高く，以下の順位は女子と同様の結果となった。「性的自立」及び「生活的自立」を重視する割合も女子生徒より有意に低くなっており，全体的に性別役割意識が反映された結果ではないかと推測される。

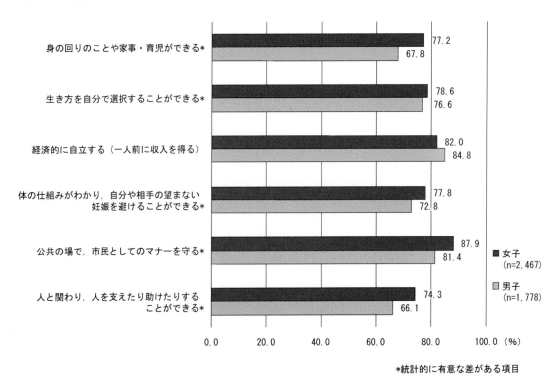

＊統計的に有意な差がある項目

図Ⅰ-1-9　高校生が自立する上で重要と思っている割合

（4）政治や政策への関心は

　高校生は政治や政策について，どのような関心の示し方をしていたのであろうか。図Ⅰ-1-10は，政治や政策への関心を尋ねて「そう思う」「どちらかといえばそう思う」を合わせた結果を示している。

　男女ともに最も高かったのは，「自分たちの生活は国の政治や政策の影響を受け関係が深い」という項目であり，約75％が回答していた。性差が確認できなかったのは，いわば一般論とも言えるこの項目のみであり，他はすべて統計的に有意に男子が女子を上回っていた。

　「自分たちの考えもたくさん集まれば政治や政策に反映させることができる」と考えている高校生は6割程度であり，市民としての当事者意識や政治への信頼の低さが示唆される結果となった。「国の政治や政策に関心がある」高校生は5割程度と低く，男女でおよそ1割の差があった。「政治や政策についてもっと学んだり話したりしたい」と考えている高校生も5割程度にとどまっており，学習意欲の低さがうかがえた。

　注目すべきなのは，男女ともに3割以上が「政治や政策に関心を持たなくても生活していけるので関わりたくない」と回答していた点であり，男子の方が忌避傾向が有意に高かった。

　選挙年齢が18歳に引き下げられたことを考えても，家庭科においても今後は主権者教育とともに市民性や政治関心を高めるための学習が不可欠であるといえよう。

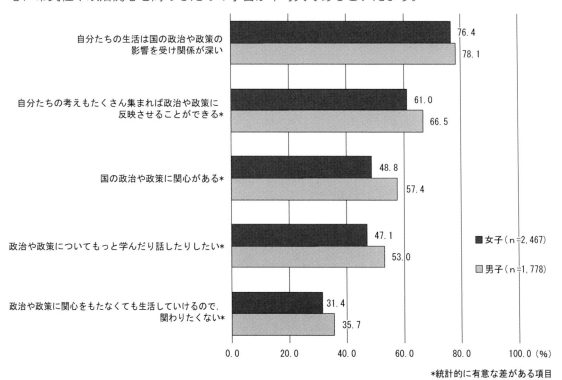

図Ⅰ-1-10　高校生の政治や政策への関心

（5）社会活動への参加意識は

　高校生は，社会活動に参加したいと思っているのだろうか。図Ⅰ-1-11は，社会活動の項目について，参加したいものをすべて挙げてもらった結果である。

　高校生の社会活動への参加意識の特徴をみると，男女とも「地域のレクリエーション・スポーツや自治会・町内会活動（祭り・バザー等）」への参加意識が最も高く，次いで「災害時の救助の手伝いや復興に関わる支援活動」が高い。近年の日本の災害の多さから，災害時の支援活動の必要性や地域活動への関心が高まっていることが推察される。

　男女で比較すると，「子ども，高齢者，障がい者に関わる手助けなどのボランティア活動」は，男子20.4％に対して，女子は42.0％と男子の2倍以上が参加を希望している。また，「青年海外協力隊など，自分の専門を生かした海外でのボランティア活動」も女子の方が男子よりも高く，女子はボランティア活動や社会貢献など社会活動に興味関心がある高校生が多い。

　一方，男子は，「環境保護のための活動や学習」のみ女子よりも高く，どれにも参加希望がない「社会活動への参加意欲なし」は女子の18.9％に対して男子は32.9％と著しく高く，男子の3人に1人は社会活動への参加に関心がない。

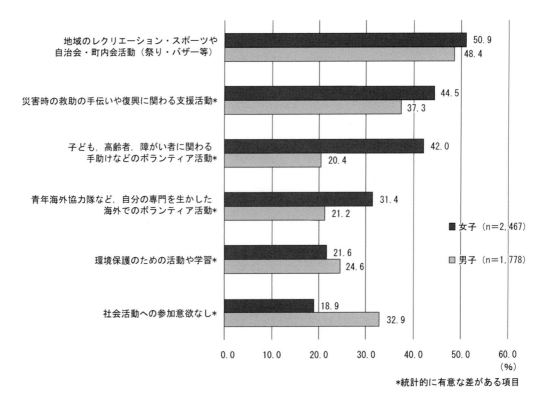

図Ⅰ-1-11　高校生の社会活動への参加意識

（6）生活実践状況と生活意識の関係は

　高校生の生活実践状況と生活意識には関係があるのだろうか。図Ⅰ-1-4の高校生の生活実践状況を得点化して11項目の平均（総合点3.00）よりも生活実践度が高い高校生と低い高校生に分けて，図Ⅰ-1-6～図Ⅰ-1-11の各生活意識の代表的な質問項目について比較したのが図Ⅰ-1-12である。

　生活実践度が高い高校生は，「男女で家事育児を協力して行うのがよい（ジェンダー観）」「困難な状況においても，自分で問題の打開策を考えて，解決しようとする（自己理解・自尊感情）」「生き方を自分で選択することができる（自立）」「人と関わり，人を支えたり助けたりすることができる（共生）」「自分たちの考えもたくさん集まれば政治や政策に反映させることができる（政治への関心）」の意識が，生活実践が低い高校生よりも有意に高い。特に，自己理解・自尊感情や共生に関する意識の差が大きい。一方，「社会活動への参加意欲なし」では，生活実践が高い高校生17.6％に対して，生活実践度が低い高校生は34.1％と約2倍の割合で高くなっており，社会活動への参加意欲がない高校生が多い。

　生活実践度が高い高校生は，自尊感情の向上，共生，政治への関心，社会活動への参加意識が高く，家庭科で生活実践を育むことは子どもたちの自尊感情，自立意識や市民性を養ううえでも意義があることが示唆される。

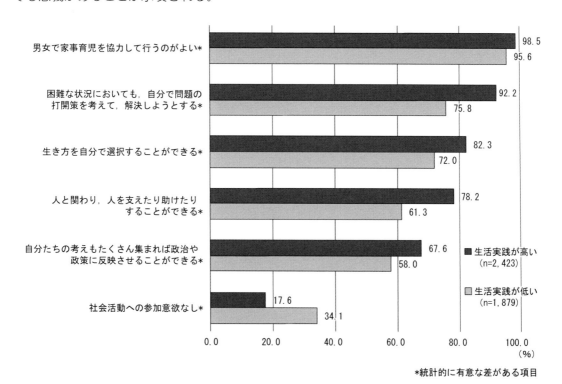

図Ⅰ-1-12　高校生の生活実践状況による生活意識の比較

6 家庭科で身についたと考えている力と生活実践や生活意識の関係

(1) 家庭科で身についたと考えている力と生活実践の関係は

　家庭科の授業を通して，図Ⅰ-1-3に示すように，高校生は様々な力が身についたと考えていた。それでは，家庭科で身についた力は実生活で活用されているのだろうか。家庭科で身についたと考える力と生活実践状況の関係をみるために，図Ⅰ-1-3の家庭科で身についたと考えている度合いを得点化（そう思う4点…思わない1点）して11項目の平均点（3.15）よりも高い高校生と低い高校生に分けて，生活実践状況を比較した結果が図Ⅰ-1-13である。

　家庭科で多くの力が身についたと考えている高校生が，全ての質問項目で，そうでない高校生よりも実践していた。家庭科で多くの力が身についたと考えている高校生は，家庭科を学んだことによる変化を自覚しているだけでなく，実際に生活において実践・活用していることが示唆される。一方で，家庭科であまり力が身についていないと考えている高校生は生活での実践が低い。家庭科での学びをいかに身につけさせるか，そして，実践につなげていくかが，今後の課題といえよう。

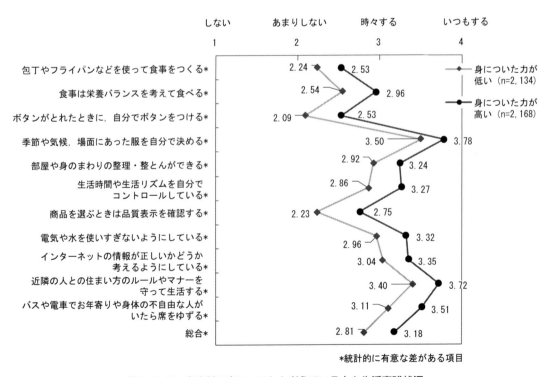

図Ⅰ-1-13　家庭科で身についたと考えている力と生活実践状況

（2）家庭科で身についたと考えている力と生活意識の関係は

　家庭科で身についたと考えている力は，生活意識に関係しているのだろうか。両者の関係をみるために，図Ⅰ-1-3の家庭科で身についたと考えている力を得点化（そう思う4点…思わない1点）して11項目の平均点（3.15）よりも高い高校生と低い高校生に分けて，図Ⅰ-1-6～図Ⅰ-1-10の各生活意識の代表的な質問項目を比較したのが図Ⅰ-1-14である。

　家庭科で身についたと考えている力が高い高校生は，「男女で家事育児を協力して行うのがよい（ジェンダー観）」「困難な状況においても，自分で問題の打開策を考えて，解決しようとする（自己理解・自尊感情）」「生き方を自分で選択することができる（自立）」「人と関わり，人を支えたり助けたりすることができる（共生）」「自分たちの考えもたくさん集まれば政治や政策に反映させることができる（市民性）」の生活意識いずれにおいても，身についた力が低い高校生よりも意識が統計的に有意に高い。家庭科で様々な力が身についたと考えている高校生は，実際に生活における意識にも反映されていることが示唆される。一方で，身についたと考えている力が低い高校生の共生，市民性意識が低いことから，共生や市民性に関する家庭科の授業を工夫していく必要がある。

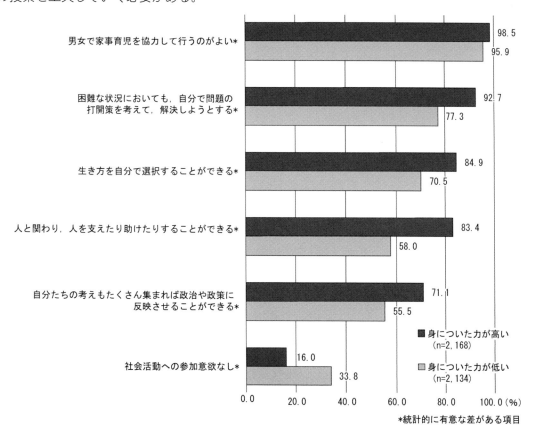

図Ⅰ-1-14　家庭科で身についたと考えている力による生活意識の比較

7 高校生は家庭科の授業に何を望んでいるか

　高校生は家庭科の授業に対して何を望んでいるのだろうか。授業でもっと知りたいことや増やしてほしいことを自由記述で尋ねた結果を整理したところ，学習内容等と学習活動に大別することができた。自由記述の回答率については，性差は確認できなかったが，「お年寄り」や「子ども」，「家族・家庭生活」，「保育所・幼稚園」等，人に関わるワードの出現は，相対的に女子に多い傾向にあった。

　授業で増やしてほしい学習内容等（表Ⅰ-1-2）については，男女ともに「食生活」が約6割と突出して多かった。次いで，「衣生活」，「家族・家庭生活」が1割程度となっており，「消費生活」は全体の6.5％で，「住生活」に関わる記述は1％に満たなかった。この結果には，実際の授業配当時間の比率も影響を与えているのではないかと推測される。

　その他には，冠婚葬祭等に関する「マナー」や「社会問題」について学びたいという要望もあった。社会人に求められる常識的なふるまいを身につけたい，知識として理解したいといった要望は，実践的な活動を重視する家庭科の教科特性を反映させた結果とも考えられる。

　具体的には，食生活では「料理のレパートリーが増えそうな調理実習」，「将来役に立つ調理技術の習得」，「低コストで栄養のある調理実習」，「製菓・スイーツ実習」など，衣生活では「もっといろいろな裁縫」，「レザーワーク・刺繍」，「新しい洗濯表示」など，家族・家庭生活では「地域の子どもたちとの交流」，「保健とは異なる性教育・出産や育児のこと」，「高齢者や子どものこと，コミュニケーションのとり方」など，消費生活では「一人暮らしの実際」，「保険のこと」，「お金の問題」など，その他「常識」，「情報・インターネットのリスク」などもあった。

表Ⅰ-1-2　授業で増やしてほしい学習内容等（％）

	学習内容等	全体 (n=650)	男子 (n=271)	女子 (n=371)
学習内容	家族・家庭生活	8.2	4.8	10.8
	衣生活	10.2	5.9	12.9
	食生活	60.8	63.5	58.8
	住生活	0.5	0.4	0.5
	消費生活	6.5	7.4	5.9
その他	マナー	2.2	2.2	2.2
	社会問題	1.7	2.6	1.1

授業で増やしてほしい学習活動（表Ⅰ-1-3）については，男女ともに「実習」が約7割に上った。「実習」の内訳をみると，「食（調理実習，料理，お菓子作り等）」の実習に対する要望が約8割を占めていた。具体的には，「調理実習の回数を増やしてほしい」や「時間のかかるメニューの調理実習」，「家庭に必ずあるものやゴミになりやすいものをもとにしたメニューの調理実習」，「一人暮らしに役立つ（困らない）調理実習」などの記述が見られたほか，自分たちで考えた自由献立での実習を望む声も確認できた。

　次いで，「衣（裁縫）」の実習に対する要望であるが，男子生徒の7.4％に対して女子は16.6％と，女子の方が高かった。ものづくりや，スキルの習得に対する要望が確認できた。食・衣に比べて少ないものの，「保育」に関する実習への要望も散見された。幼児や高齢者とのふれあい・交流への期待がうかがえる記述もあった。

　「実習」以外の学習活動への要望としては，「グループ活動」や「校外学習」，「体験活動」も男女ともに確認できた。その他，「もっと専門的に学びたいところを追求できるといい」や，「もっと話し合いを増やして考える時間がほしい」といった「主体的な学び」，「考える活動」，「話し合い活動」を望む声もあった。

　『高等学校学習指導要領解説　家庭編』によれば，家庭科は，総授業時間数のうち，原則として10分の5以上を実験・実習に配当することになっている。主体的・対話的で深い学び（アクティブ・ラーニング）の充実が求められる中，こうした高校生の家庭科学習に対する要望を真摯に受け止め，必要な時間数の確保に努めることが重要であるといえよう。

　中には「学習で知ったことを持ち帰って親に教えられるようになった」といった感想や「将来役に立つ教科だと思うので高校2，3年でも取り入れて欲しい」といった要望もあった。

表Ⅰ-1-3　授業で増やしてほしい学習活動（％）

学習活動		全体（n=650）	男子（n=271）	女子（n=371）
実習		71.8	69.7	73.0
内訳	食（調理）	80.1	84.7	77.1
	衣（裁縫）	13.1	7.4	16.6
	保育	3.4	2.1	4.4
グループ活動		3.2	3.3	3.2
校外学習		3.1	3.7	2.7
体験活動		2.3	0.7	3.5
主体的学び		1.4	0.7	1.9
考える活動		1.1	0.0	1.9
話し合い活動		0.6	0.4	0.8
実験		0.4	0.3	0.3

（野中美津枝，鈴木真由子）

コラム1　家庭科の教員の声

　今回の調査に協力していただいた50校の高等学校における家庭科の先生方に、「家庭科」の授業をする上での困難や課題であると思われること、それらを解決するために必要だと考えることなどを尋ね、率直なご意見（自由記述）をいただいた。

（1）家庭科の先生が工夫していることや大切に思っていることは？

☐　実習に重点を当て、授業内容の精選をしている。

- 将来を豊かにするためにも生活の振り返りをさせ、**体で学習をしてほしい**と思い、実習を減らすことなく実施している。
- できるかぎり実習を取り入れる。**PCを効率よく利用する。**（電子黒板等）
- 新しい機器の使いこなしももちろんできるにこしたことはないが、それによって失う人間としての能力にもきちんと目を向けさせ、進化なのか退化なのか、生徒たちに対して常に疑問を投げかけながら可能な限り、**様々な体験をさせてやる**ことが欠かせないと考える。
- 生徒が**自ら考える時間**、やってみる時間が取れるよう題材設定を工夫するようにしている。
- **生きる力を身に付けること**、自分の生活や人生がよりよくなるように考えること、それに伴う技術を身に付けること、そんなことをいつも考えながら授業をしている。今年は食生活の中で栄養士さんから栄養教室を実施していただき、野菜不足の食生活が多い現状をふまえ、調理講習もやり好評だった。
- 意外とおいしいものが簡単に**自分でも作れる**ことを少しでも実感してもらいたくて、調理実習をステップアップさせながら実施している。
- 調理実習をする際に、食物アレルギーを持つ生徒が増えてきているので、それらを**事前に把握し**、実習の献立を作成するようにしている。
- **部活動**や**課外活動（保育体験など）**その他希望者対象の補習など授業以外で補っている。その分とても多忙になってしまうが。
- 学んだことを自分の生活に生かすことが大切なので、ホームプロジェクトなどを通して、**できるだけ実施する機会を与える**よう心がけている。
- 全ての学習内容に取り組むことは難しく、複数分野を融合させて学ぶような**教材・授業づくりを重要視している。**
- 2単位では厳しいため、部活動や課外活動（保育体験など）その他**希望者対象の補習など授業以外で補っている。**その分とても多忙になってしまうが。

□ より効果的な指導法を探っている。

- 評価方法の検討をする（グループワーク，実習などの評価方法の改善）。アクティブ・ラーニングを効果的にするための評価方法を考える。
- 座学で取り組む課題に対しては意欲をあまり示さない生徒もいる。**指導方法の改善が求められる**と同時に，教師との関係性により生徒が意欲を示すことが経験的にも分かるので，**状況を受容しつつ指導している。**
- 知識・技術の習得に終わるのではなく，**生活を総合的・科学的にとらえ，生徒の深い学びにつながるような授業としていくことが大切である。**
- 授業内容を精選し，**より深い学びができる工夫をする。**（中学時に学習した内容や他教科で学習する内容は発展的な学びの形態にする。討議，ポスターセッションなどのグループ活動）
- 小中高のどの段階においても**必ずおさらいの時間をとってからでないと生徒の理解定着にはつながらないと思う。**
- 小・中学校，大学との連携。**小・中学校で学んだこと（知識・技術）を高等学校でどう発展させるか，定着させるかを考えている。**
- 小中学校での学習内容が出身校により大きく異なるため，高校での家庭科は小中学校での学習の繰り返しになりがちである。**小中学校での基礎の定着の上に高校での学習が積み重ねられるよう指導法を検討している。**
- 高校を卒業しすぐに親元を離れる生徒もいることから，一日でも早く**自立について考えさせ**，大学受験とともにその必要性を伝えている。

　生徒の自立した生活を目指し，基礎的・基本的な知識と技術を身につけさせるための授業展開が計画されている。特に実習に重点を置き，将来の生活に役立つ体験をさせるよう心がけていることがうかがわれる。そのためには，小中学校の学習との関連や他との連携など時間を上手く使いながら内容の精選，題材の設定，指導法の検討など授業がより効果的な学びの場となるよう工夫しているようだ。さらに，その学びが日常生活で生かされるよう，個々の実践につなげることが大切だと感じていることがわかった。

（2）家庭科の先生が困っていることは？

□　生徒の生活体験の不足，家庭環境の変化を感じている。

- 最近の生徒は家庭での生活力が低下し，生活によって培われるはずの知識が少ない。
- 生活経験の乏しい生徒が増加しているため，言葉による伝え方が難しい。
- 生徒の家庭環境（家族の価値観も含む）の差により，授業以前の生徒の力に大きな差がある。
- 同じ価値観と共通の話題が中心で，別の悩み，異なる考え方などが日頃の生活の中で入ってくることが少ないようだ。
- 家庭内でもラインやメールでしかやり取りのない生徒もおり，**コミュニケーション能力，想像力が不足している生徒が増えてきている。そのようなことが授業を進めるうえで障害となっている**

と感じることがある。

□授業時間，教材研究の時間の確保に悩んでいる。

- 県からのパフォーマンス的な授業に振り回され，教材研究の時間を削らざるを得ない。
- 小中での学習内容が出身校により大きく異なるため，2単位という少ない時間で家庭基礎の内容を生徒に応じて吟味し適切な題材を設定することが課題である。また，他教科との連携も課題となっている。
- 担当者が一人だけなので，教科だけでなく，対外的な仕事も多く，時間に追われる毎日である。実習においても生徒の生活経験が乏しいため，一人で対応・指導するには不安が大きい。
- 実生活と切り離すことができない教科だけにどうしても個々の状況を踏まえて指導，評価したいが，時間が足りず一斉授業をするしかないのが残念である。

　生徒の生活体験不足や家庭環境の変化を感じている教員は多い。それに伴い，授業の進め方やその対応のしかたに試行錯誤している様子がうかがわれる。このような状況においても授業時間は減少し，教材研究の時間も確保できないなど教員の負担はさらに大きくなっているようだ。

（3）家庭科の先生が求めていることは？

□授業時間の増加や授業形態の改善を望んでいる。

- 家庭基礎2単位では十分な学習活動ができない。**授業時間がもう少しあればじっくり取り組めることも増えると思う。**
- 実験や問題解決的な生徒主体の学習を取り入れたいが，考査を行うと**知識理解も深めていかなければならず，時間が不足する。**また，行事等により授業時間数も揃わない。
- 体験授業，実習授業等をすることで，理解が深まり将来への生活を想像する力がつく。よって，**少人数授業（20人位）が家庭科には必要である。**特にひとりひとりの生徒への指導が細やかにでき，生活への意欲や将来に向けての展望が開けるはずなので，**授業形態の見直しをすべきと思う。**
- そもそも生徒たちの生活力が低いので，2単位の指導では学習指導要領が求めるレベルには到達しない。

□教員の複数配置の必要性を感じている。

- 教員の数も減っているので，各校苦労している。複数の教員が相談してよりよい指導を目指せる雰囲気ではない。本気で生きる力や問題解決能力を育みたいのなら，なぜ受験の負担（理科）を増やし，家庭科をないがしろにする流れになっているのか理解できない。
- 正教員は専門科目を主に受け持つことになり，家庭科コースでないクラスの普通教科「家庭」の家庭総合は非常勤が担当することになる。**ダイナミックな授業展開はお願いしづらいということもある。**

- 実習はもちろんのこと単位減少により精選ばかりでなく内容を詰めて授業を進めていくにあたり，**家庭科教員の複数配置が特に必要であると考える**。
- **基礎では時間が足りない。基礎にすることで専任の教員を減らされて非常勤になってしまう。**専任1人だと家庭クラブ活動や発表の負担がとても大きい。
- 保育園や高齢者施設での交流を考える時，40人（1クラス）一斉で行うことに無理があり，相手方にも受入れを断られたりするので，計画することはできない。**引率者も一人では不十分である**。
- 担当者が一人だけなので，教科だけでなく，対外的な仕事も多く，時間に追われる毎日である。実習においても生徒の生活経験が乏しいため，一人で対応・指導するには不安が大きい。是非**T・Tをお願いしたいが，教員数もあることなのでということで，改善してもらえないのが実情**です。実習の先生の知識・技術が浅く，その対応にも戸惑う。是非，研修か採用時の実技等の試験をお願いしたい。
- 体験型授業や充実した効果的な授業を行うためには，少人数授業やTT授業などができればよいなと思う。現在，実習助手の先生にもお手伝いしていただけない状態で，本当に何から何まで一人でやっている状態である。TTや少人数授業が可能であれば，教員配置も複数名確保できると思うが，難しい。

☐研修時間の確保や環境の整備を望んでいる。

- PISA調査結果において日本の生徒が低かった論理的思考力や課題解決能力を養う指導が，家庭科においても重要であると考えている。教材研究をしっかり行い，よりよい授業を目指して取り組んでいきたい。学校内での教科研修には限界があるので，授業に役立つ研究の機会を望む。
- 家庭科教員が交流しやすいインフラ作りができるといいと思う。ネットワーク上や，そこにいけば必ず授業のヒントがあるというような環境ができるといいと思う。
- 言語活動やグループワークを単なる話し合いで終わらせないために的確な目標設定と促しが必要と考えているが，**時間不足や教員の技術の不足で難しいと感じることが多い**。時間不足解消や適切な資料館等による促しをするためにパワーポイントを使用しているが学校（特に高校）の施設設備は不十分な点も多い。多忙を理由に**各種研究会への参加（特に運営）や学校家庭クラブ活動が減少しているのが残念である**。
- いまだに「家庭科の教員」というと，「料理・裁縫が得意なんでしょ」と言われる。教員の中で**家庭科教育の考え方や取り組みをもっと知ってもらい，応援してもらえる環境を作る必要があると感じている**。

　家庭科の学びを深めるために授業時間数を増やすことへの要望は多い。また，生徒の実態から個別指導の機会を増やすという要望もある。家庭科教員の複数配置も切なる思いである。

　様々な記述から，生徒や学校の現状を踏まえ，授業改善をしていく意欲が見受けられる。そのための十分な研修の機会が得られること，より充実した環境が作られることを望んでいることがわかる。さらに教師同士でお互いを鼓舞する様子を感じ取ることができた。

（鈴木民子）

2　社会人調査

1　調査の概要

（1）調査方法・分析方法・対象者

　調査は，2016年7月～11月に全国の20歳以上の社会人を対象に，自記式質問紙法で直接配布・回収，郵送配布・回収にて実施した。回答を得た1,266人のうち，「高等学校家庭科履修の有無」への未回答者を除いた972人を自由記述の分析対象者とした。また，家庭科を履修している世代でも，未履修と回答した人を除いた827人を完全回答者として統計分析の対象とし，調査結果は，適宜，グループ間で比較した（表Ⅰ-2-1）。
　なお，後述する自由記述の紹介部分では，男女必修世代を「男女必修」，女子のみ必修世代を「女子必修」と表記する。

表Ⅰ-2-1　対象者数

世代＼性別	男性	女性	計
男女必修世代 （20歳～37歳）	171 196	163 187	334 383
女子のみ必修世代 （38歳～）	272 321	221 268	493 589
計	443 517	384 455	827 972

（上段：統計調査，下段：自由記述）

（2）調査内容

　調査は，属性（年代・性別や高校時代の家庭科履修の有無など）と「高校時代の家庭科観（履修者のみ）」「現在の家庭科観」「生活に関する意識や実践」に関する計37の質問項目で実施した（表Ⅰ-2-2）。「高校時代の家庭科観」は，家庭科履修の有用性と履修により身についたと考えている力で構成した。「現在の家庭科観」は，家庭科に対する教科観と学習観で構成した。そして，「生活に関する意識や実践」については，ジェンダー観，市民性，パートナーシップ，生活実践状況に関わる項目で構成した。あわせて，調査項目のうち，「学んでよかったこと」，「学びたかったこと」については自由記述による回答も考察対象として用いた。

表Ⅰ-2-2　社会人調査の内容

高校時代の家庭科観	現在の家庭科観	生活に関する意識や実践
□家庭科履修の有用性（1） ・家庭科を学んでよかったか □家庭科で身についたと考えている力（7） ・男女協力 ・生活の基礎的知識・技能 ・消費・少子高齢社会問題への関心・人生設計など	□家庭科の教科観（4） ・家庭科はどのような教科か □家庭科の学習観（6） ・今後重視したい学び □家庭科を学んでよかったこと（自由記述）（1） □家庭科で学びたかったこと（自由記述）（1）	□ジェンダー観（5） ・性別役割意識，ジェンダー公正など □市民性（4） ・政治への関心，市民活動への意欲など □パートナーシップ（4） ・子育て参加度，家事の分担・協力など □生活実践状況（4） ・自立，共生，消費，環境

表中の数字は，質問項目数を示す。

2 社会人は家庭科をどのようにみているか

(1) 学んでよかったか，どのような教科か

　高等学校で家庭科を学んだ社会人は，高等学校で家庭科を学んだことについて，現在どのように受け止めているだろうか（図Ⅰ-2-1）。家庭科を「学んでよかった」と考える人は52.6%，「どちらかというと学んでよかった」と考える人は42.7%であり，家庭科の有用性を認識していた人は約95%と非常に高かった。また，この家庭科の有用性には男女で差がなく，男女とも家庭科を学んでよかったと思っていることがわかった。しかし，学んでよかったという理由は男女で異なり，男性は自身の生活を支える力をつけたことに価値を見出しているが，女性は子育てや家族のために活かし，自身のキャリア形成にもつないでいることがわかった。詳細は後述する（p.32）。

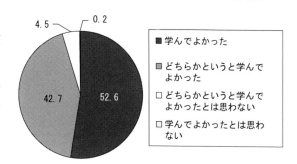

図Ⅰ-2-1　家庭科を学んでよかったか（n=555）

　また，高等学校で家庭科を学ばなかった男性（女子のみ必修世代の男性）も含めた社会人は，家庭科はどのような教科（教科観）と思っているだろうか（図Ⅰ-2-2）。「①料理や裁縫などの家事や身辺整理の仕方について学ぶ教科」が最も高く，生活に必要な能力を獲得する教科として認識されていることがわかった。次いで，「②家庭生活を中心とした人間の生活について総合的，実践的に学ぶ教科」が高く，生活を多面的に捉える総合的・実践的教科という認識ももち合わせていることがわかった。

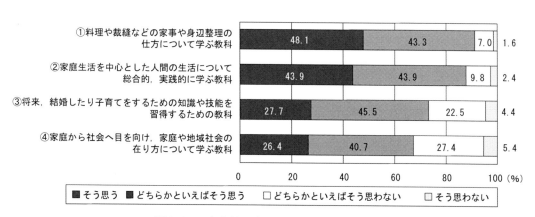

図Ⅰ-2-2　家庭科はどのような教科か（n=827）

…自由記述から〈学んでよかったこと〉…
□家庭生活や日常生活のさまざまな場面で家庭科の学びを役立てている。

- 家族や家庭生活，子どもなどについての理解を深められたことは，今になって活きている。（男女必修・男性）
- 調理の知識や栄養バランスの重要性など，今も意識して生活しており，健康に資している。（男女必修・男性）
- 学習した時より後になって役に立ったと感じることが多い。将来役立つ時がくると自覚して学習しておけばよかったと今になって思う。（男女必修・男性）
- 生活費の使い方，家計簿の付け方，節約法を話し合う。他人や男女の考え方の違いを知ることができたのが良かった。（男女必修・男性）
- 基本的な調理の技術（段取りの仕方なども覚えた）や裁縫の技術が身に付いた。（男女必修・女性）
- 環境に関する学習（リサイクル等）は，現在でも役に立っていると実感している。（男女必修・女性）
- 高校の調理実習で使ったレシピや料理はその後も利用したり，作ったりしてとても役に立って良かったです。（女子必修・女性）

□男性は，自分自身の生活を支える力として，家庭科を役立てている。

- 料理，裁縫などの家事について得た知識・技術は，その後，特に一人暮らしの時に，とても役に立ったので，学んでよかったと実感している。同時に，もっと学んでおきたかったと思うことでもある。消費生活については，もっと詳しく学びたかった。（お金に関連すること）（男女必修・男性）
- 独身時代や単身赴任時代，調理やボタン付けなど昔の授業を思い出しながらやっていました。調理の基礎知識や被服（裁縫）は，生活の役に立っている。（女子必修・男性）

□女性は，子育てや家族のために家庭科の学びを活かし自身のキャリア形成に役立てている。

- 料理実習や裁縫は，親になって学んでよかったなと思います。（男女必修・女性）
- ミシンの使い方，子どもの幼稚園で使う手さげや給食袋が手作り指定のところがあったので，学んでいてよかった。（男女必修・女性）
- 保育園実習では普段全く子どもとかかわらなかったのですごく人生の役に立ちました。（男女必修・女性）
- 高校のときに，ミシンを使って洋服をつくったことがあったので，子どもができて，バックをつくるときに，役に立った。（女子必修・女性）
- 高校生の時の家庭科の先生が大好きで，料理や裁縫が大好きになり栄養士になりました。今も，先生が教えてくれたことを実践しています。母の教えも大切ですが，教師の教えも大切だと思います。（女子必修・女性）
- 自分からは食事を作る機会もなかったので，調理実習は何となくできる…（やればできる）という自信につながった。裁縫も家庭科でやってから好きになり，服飾の専門学校，仕事に就いたので，経験は大事だと思う。ムダにはならない。（女子必修・女性）

　世代・性別を超えて高校時代に学んだ家庭科の有用性が理解されていた。その有用性について，男性は，一人暮らしや単身赴任時の日常生活の中で実感し，女性は子育てや家庭生活の中で身につけた力を生かすことで実感していた。

…自由記述から〈どのような教科か〉…

□料理や裁縫などの家事や身辺整理を支えるために必要な知識・技能を学ぶことができる。

- アイロンのかけ方や裁縫のやり方など，衣生活に関わる内容は男性なら普段縁遠い人も多いかと思います。その意味で，高校家庭科で衣生活の内容に触れられたことは人生の中で貴重な経験の一つになっていると思います。（男女必修・男性）
- 料理などでは，野菜の切り方や煮込み方，焼き方などは現在も役立っている。裁縫なども，実生活で役立っているので，学んでよかったと思います。（女子必修・女性）

□家庭科は，多角的に家庭や地域社会の在り方について考えることができる。

- フィールドワークで学校周辺の環境について取材，調査しプレゼンしました。多角的に物事を捉えることの大切さに気づけました。（男女必修・男性）
- 自分の日々の私生活について見直すことができたり，今後の将来について考えることができた。地域活動など，どんなことを行っているか分かり，参加してみようと思った。（男女必修・女性）

□家庭科で共生について考えることが必要と捉えている。

- 高齢者の介護の類について学んだ記憶がない。必ず誰もが直面する問題であり，学んでおきたかった。マイノリティの立場にある人たち（障がい者，LGBTなど）について学び，考える機会がもっとあってよい。（男女必修・女性）
- 家庭科といえば料理や裁縫が頭に浮かぶ。そういうテクニカルなことも大切だが，少子高齢化の時代に家庭はどうあるべきか，地域社会の中でどうあるべきか，そういうことを前提に何を学ぶべきか検討して欲しい。（女子必修・男性）

□結婚や子育てを含む人の一生について，総合的に考えることが必要と捉えている。

- 少子高齢社会についての議論は今後さらに注目されるべきであり，個人的には政策議論の中では最優先のテーマになるべきだと思う。今後の家庭科教育に期待する。（男女必修・男性）
- 育児の楽しさと大変さを学ぶ機会として家庭科があっても良いような気がします。（男女必修・男性）
- ローンや利息の話，出産子育ては高校生の頃は実感が持てない領域でしたが，今となってはしっかり学んでおけばよかったと考えています。（男女必修・男性）
- 家計簿の付け方や将来にわたって家庭で必要な経費のこと，夫婦間の協力の仕方，家庭内暴力，モラルハラスメントなど，人にはあまり相談しにくいことを学校でとり入れて学びたかった。（男女必修・女性）
- 男性も家事を担う当事者であるという意識を教えてほしい。共働き子育て世代，要介護の人がいる世帯の生活などを，実例を交えて教える。（男女必修・女性）
- 学んだ当時は家事のやり方を学ぶ教科で女子がやるものという感じだったので，男女が協力，分担して家庭を運営していくという視点で学びたかった。（女子必修・女性）

　高校時代学んだ家庭科の学びが，社会人としての生活に生かされていることを評価する声が多くみられた。知識・技能の習得だけでなくこれからの生活に求められる地域生活や社会生活とのつながりや共生を意識できる教科であると捉えていることが読み取れた。

（日景弥生，高木幸子）

（2）重視したい学び

　社会人は，家庭科でどのような学びを重視したらよいと思っているだろうか（図Ⅰ-2-3）。「①衣食住の知識と技能の習得」という生活に関する知識・技能や「②家族や家庭生活，子どもや高齢者，社会福祉などについての理解」という"ヒト"に関わる理解の割合が高かった。

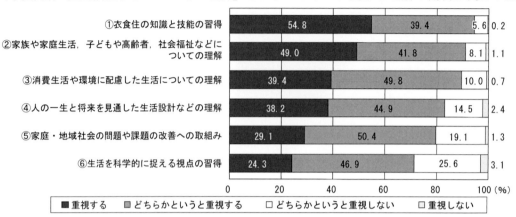

図Ⅰ-2-3　家庭科で重視したい学び（n=827）

　回答者を4グループ（p.30参照）で比較するために，「重視する」「そう思う」「する」の肯定的な回答を4点，「どちらかというと重視する」などを3点，「どちらかというと重視しない」などを2点，「重視しない」「そう思わない」「しない」の否定的な回答を1点として平均値を算出した。世代間で比較すると（図Ⅰ-2-4），男性では「②家族や家庭生活，子どもや高齢者，社会福祉などについての理解」「③消費生活や環境に配慮した生活についての理解」「⑤家庭・地域社会の問題や課題の改善への取組み」「⑥生活を科学的に捉える視点の習得」が，女子のみ必修世代男性の方が男女必修世代男性より高く，生活を多面的に捉える重要性を認識していることがわかった。女性については，「⑥生活を科学的に捉える視点の習得」は女子のみ必修世代女性の方が男女必修世代女性より高かった。4単位必修であった女子のみ必修世代は，生活を科学的に捉える実験や実習などの時間数が確保できたことが影響していると推察された。

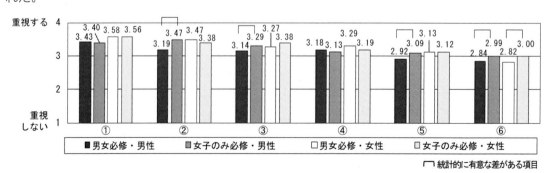

図Ⅰ-2-4　家庭科で重視したい学び（世代間比較）

…自由記述から…

□ **家庭科で学んだ衣食住の知識と技術は生活の役に立っており，学ぶ重要性を感じている。**

- 料理，裁縫などの家事について得た知識・技術は，その後，特に**一人暮らしの時に，とても役に立った**ので，学んでよかったと実感している。同時に，もっと学んでおきたかったと思うことでもある。（男女必修・男性）
- 30歳独り身ではおよそ作らない料理を級友と協力して作ったのは，単純によい思い出である。欲を言えば，これからの社会，私のような孤独者が増加するであろうから，**家庭科の授業を通じて"ひとりでも豊かに暮らす"ための知恵が学べるといいと思う。**（男女必修・男性）
- 裁縫も，**家庭科があったからこそ基本的なことができるようになったのだと思います。洗濯の仕方など，日常生活で役立つことを教えて頂きたいです。**（男女必修・女性）
- 特に男性への教育は女性が活躍するにあたって重要だと思う。家庭科で調理したり裁縫をした思い出は今でも鮮明に残っていて，今も作った作品を使っている。（男女必修・女性）
- 高校の調理実習は確実に家庭で台所で調理する機会を増やしてくれた。学んでよかった。（女子必修・女性）
- 料理の基礎が学べたことはよかったが，**もっと科学的に衣食住を学べるとよかった。**（女子必修・女性）

□ **家族や家庭生活，子どもや高齢者，社会福祉など人との関わりに関する内容が必要である。**

- 家族や家庭生活，子どもなどについての理解を深められたことは，今になって活きていると感じます。もう少し，**高齢者問題，福祉について**当時においても意識を高めて学習すればよかったと感じます。（男女必修・男性）
- もっと**家庭内での役割や消費生活**について学びたかったし，これからの家庭科でもそういったことを重視すべきである。社会での男女の働き方の考えに大きく影響を与えるので。（男女必修・女性）
- **男性も家事を担う当事者であるという意識を教えてほしい。共働き子育て世代，要介護の人がいる世帯の生活などを実例を交えて教える。**（男女必修・女性）
- 家計簿のつけ方や**将来にわたって家庭で必要な経費のこと，夫婦間の協力のし方，家庭内暴力，モラルハラスメントなど，人にはあまり相談しにくいことを学校でとりいれて学びたかった。**特に男性への教育は女性が活躍するにあたって重要だと思う。（男女必修・女性）
- 当時は，女性が一生の仕事を持つことはまだ，限られた職業や環境（三世代同居など）だったので，**職業をもち，家庭ももつという生き方にプランや見通しが持てる内容を学びたかった。**（女子必修・女性）
- 学んだ当時は家事のやり方を学ぶ教科で女子がやるものという感じだったので**男女が協力，分担して家庭を運営していくという視点で学びたかった。**（女子必修・女性）
- 女性の人生の中での**妊娠・出産・子育ての現状を男子と共に学び，理解を深めたかった。**（女子必修・女性）

□ **より多面的に実践的に学ぶために，もっと多くの時間数をかけてほしい。**

- 高校卒業後の学生生活に必要な消費生活の知識について**もっと学ぶ時間があればよかった。**（男女必修・男性）
- もう少し家庭科の**時間数が多くてもよかった**なあと思いました。（男女必修・女性）・
- **実習の時間が少なかった。**（男女必修・女性）もっと授業数多く欲しかったです。（女子必修・女性）

　生活の自立のため，「ひとりでも豊かに暮らす」ため，男女共同参画のため等，よりよく生きるために重要な教科と認識されており，さらに時間をかけて多面的・科学的に学ぶことが期待されている。

（日景弥生，財津庸子）

3 社会人は家庭科でどのような力が身についたと考えているか

　高等学校で家庭科を学んだ社会人は，家庭科を学んだことでどのような力が身についたと考えているだろうか（図Ⅰ-2-5）。「①生活に関する基礎的な知識や技能が身についた」について肯定的な回答をした人は85.2％と最も高く，次いで「②家庭生活は男女が協力して営むものと考えるようになった」が63.4％となった。家庭科を学習することで生活に関する知識・技能や男女協力という認識が身についたことは，家庭科履修の効果と考えられる。一方で，「⑦少子高齢化や消費者問題など，今日の家庭生活に関わる社会問題について考えるようになった」37.6％，「⑤実験や調べ学習を通して，生活を科学的に見つめるようになった」38.4％と低く，差がみられた。

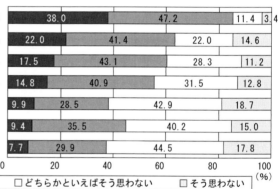

図Ⅰ-2-5　家庭科で身についたと考える力（n=555）

　女性について世代間で比較すると（図Ⅰ-2-6），「②家庭生活は男女が協力して営むものと考えるようになった」に関して有意差がみられ，男女必修世代女性の方が女子のみ必修世代女性より高かった。男女必修家庭科の大きな目標として「家庭生活は男女が協力して営むもの」の認識を育むことが掲げられており，その成果が推察された。男女必修世代の男女では各項目の平均に有意差はみられず，性別によって身についたと捉える力に違いはみられないことが明らかになった。

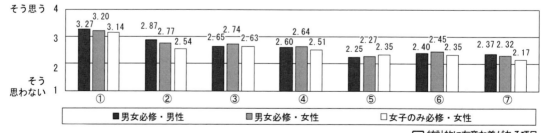

図Ⅰ-2-6　家庭科で身についたと考える力（世代間比較）

…自由記述から…

□ **生活を営むために必要な，基礎的な知識や技能が身についた。**

- 衣食住の知識や技能を学習してよかった。日常生活で必要なことであり，社会人になって活用できた。（男女必修・男性）
- 小学校の時，班で協力して調理実習をしたのが楽しかった。買い出しでは，計画的に行い，調理も段取りが大切だと分かった。小学校で学んだ調理の技能が今も暮らしに生きています。（女子必修・男性）
- ミシンの使い方，子どもの幼稚園で使う手さげや給食袋が手作り指定のところがあったので，学んでいてよかった。（男女必修・女性）
- 調理実習などを通して，同じメニューでも各家庭によって作り方や調味料・材料の使い方が異なり，食生活の違いなどを知ることができたのは興味深かった。また，裁縫のとき，エプロンをデザインや生地選びから各自でやり，世界に一つのエプロンを作っていることが楽しかった。当時はあまり得意ではなかったが，現在の家事にはとても役立っているし，生活力を身につけるために家庭科はとても重要だと思う。（女子必修・女性）
- 郷土の料理の作り方がのった本は今も持っており，これまで大変役に立ちました。自分が生まれた地域のことを学べてよかったです。（女子必修・女性）

□ **家庭生活は男女が協力して営むものだと気づき考えるきっかけになった。**

- 家庭における男女の役割は性別に関係なく，協力し合う姿勢について，具体的に考える機会になっており学んでよかったと思う。（男女必修・男性）
- 生活費の使い方，家計簿のつけ方，節約法を話し合う。他人や男女の考え方の違いを知ることができたのが良かった。（男女必修・男性）
- 高校の時家庭科で男女一緒にテレビタレントの出産シーンを見たことを今でもよく覚えている。男子高校生で見たこともない人も多くいたので，よい教育になったと思う。（男女必修・女性）

□ **生活を科学的に見つめるきっかけになった。**

- 今でも覚えているのが着色料の授業です。すごく衝撃的でした。うわべの事だけじゃなく，現実にはそういう物が自分の口の中に入ること，もっと小学生ぐらいから教えた方がいいと思います。（女子必修・女性）
- 地域の人々の家計簿診断…子供のいる大家族と高齢者夫婦の二人暮らし，一人暮らしではこうも使う内容が違うのかと驚いた。（女子必修・女性）

□ **家庭や地域の生活について多角的に捉え考えるきっかけになった。**

- フィールドワークで学校周辺の環境について取材，調査しプレゼンしました。多角的に物事を捉えることの大切さに気付きました。（男女必修・男性）
- 自宅の間取りについて検証し，家族とのかかわりや住まいについて考えた。（女子必修・女性）

　両世代・両性ともに，日常生活や家庭生活を支える基礎的な知識や技能を身につけたことやその力が社会人になって生きる力となって役立っていることが多く記述されていた。また，高校時代の家庭科を通して，家庭生活は男女が協力して営むものであることや生活を科学的に見つめるきっかけとなっていること，住まいや地域と関わる基本的な捉え方を身に付ける契機となっていることが読みとれた。

（日景弥生，小川裕子）

4 社会人はどのような生活意識をもっているのか

(1) ジェンダー観

　社会人は，性別役割やジェンダー公正などに対してどのような意識をもっているだろうか。ジェンダー観に関する5項目の結果を図Ⅰ-2-7に示す。「①同じ仕事内容でも男性に比べて女性の給料が安いのは問題である」を「そう思う」と回答した人は71.2％と最も高く，「どちらかといえばそう思う」と合わせて95.0％の人が給与面での男女不平等に対する問題意識をもっていた。次に「②家事・育児は男女で協力して行うのがよい」という協力意識は，「そう思う」66.0％，「どちらかといえばそう思う」31.9％であり，高かった。それに対し，「④政治や会社の管理職に女性が少ないのは問題である」という社会的な地位に対する男女不平等の問題意識，「⑤男女ともに働いて経済的に自立するのがよい」という経済的自立意識を「そう思う」という人は約3割で，同じ性別役割やジェンダー公正に関することであっても意識でも違いがみられた。

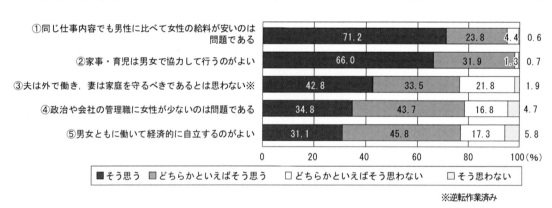

図Ⅰ-2-7　ジェンダー観（n=827）

　また，世代間で比較すると（図Ⅰ-2-8），男女ともジェンダー観に差はみられず，世代による意識の違いはなかった。

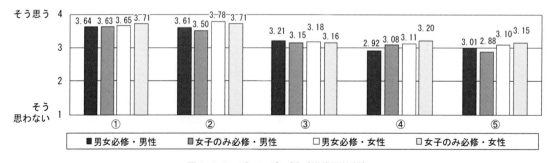

図Ⅰ-2-8　ジェンダー観（世代間比較）

…自由記述から…

□家庭科の学習経験による世代差を問わず，男女の協力についての必要性は浸透している。

- 男女どちらが何をするにせよ，基本的な知識や技能の習得は大切であるが，高校の「家庭科」が担うべきものかは一考の余地がある。「人生」「環境」「家族」…等のキーワードについて男女でしっかり考える機会を与える教科であって欲しい。（女子必修・男性）
- 家庭科を学んだおかげで，親世代とは違って男女が協力して家庭生活を営むことが常識だと考える。（男女必修・男性）
- 家庭における男女の役割は性別に関係なく，協力し合う姿勢について，具体的に考える機会になっており学んでよかったと思う。（男女必修・男性）
- 現代社会の問題や子育て結婚など，高校生ではなかなか考えづらいかもしれないが，基礎知識として学ぶこと。また男女協力して家庭を守る，育むという姿勢はぜひ学んでほしい。（男女必修・女性）
- 高校1年生の時だけの授業で，調理実習がメインだった。現在の家庭科とはどういう内容なのかわからないが，男女を問わず自分達の衣食住生活が自分でなんとかできる個人を育てることに重点をおいて欲しい。（女子必修・女性）
- 大学時代，教職課程の講義で「家庭科男女共修問題」を知り，興奮したことを思い出しました。父親も家事や育児でできることはする家庭でしたが，明確な意識が芽生えたのは大学時代でした。私の高校時代，今から思えば古い家庭科だったのですね。（女子必修・女性）

□男女が共に学ぶことのよさや必要性を感じている。

- 最近の若手社員を見て，共修世代は男性であっても積極的に取り組んでいる姿が多くみられ，共修化の成果を感じています。（女子必修・男性）
- 当時1980年代は男女別だった。男→技術，女→家庭科。これに対してとても不満だった。私は技術の内容に興味があったが，個人の選択に関係なく男女という分け方がおかしいと感じていた。（女子必修・女性）

　社会人は高校家庭科の男女必修・女子のみ必修の学習経験の差や，性差を問わず，男女の協力が必要であると感じているが，その内容は，家事労働，子育て，生計など家庭内における男女協力などに限られており，女性の社会参加や社会における男女格差などには言及されていない。また，女子必修世代は，職場における若い男女必修世代のライフスタイルを見て家庭科教育の成果を感じたり，過去の家庭科の歴史のなかで男女別のカリキュラムが実施されていたことに疑問を感じたりしていることが読みとれた。

（藤田昌子，中西雪夫）

（2）市民性

社会人は，生活問題，政治，ボランティア活動などに対してどのような意識をもっているだろうか。市民性に関わる意識に関する4項目の結果を図Ⅰ-2-9に示す。「①少子高齢化や消費者問題など，生活に関わる問題に関心がある」を「そう思う」21.9％，「どちらかといえばそう思う」58.0％と肯定的な回答した人は79.9％と最も高く，自分たちの生活に関わる問題意識をもっている人が多かった。次いで，「②政治や政策に関心がある」が「そう思う」20.8％，「どちらかといえばそう思う」50.8％と高かった。一方，「④市民活動やボランティアに関わりたい」という人は「そう思う」「どちらかといえばそう思う」を合わせても41.1％と半数にも満たず，市民としての参画意識は低かった。全体的にはジェンダー観と比べると市民性に関わる意識は低い傾向にあった。

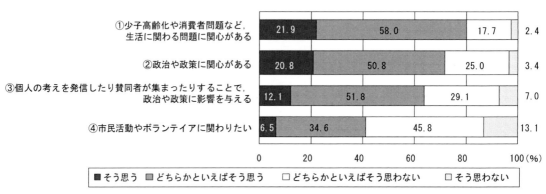

図Ⅰ-2-9　市民性に関わる意識（n=827）

また，世代間で比較すると（図Ⅰ-2-10），男性では，女子のみ必修世代男性の方が男女必修世代男性より，「②政治や政策に関心がある」「③個人の考えを発信したり賛同者が集まったりすることで，政治や政策に影響を与える」「④市民活動やボランティアに関わりたい」が高く，世代差から生じる社会経験などの差による影響が考えられた。女性については，男女必修世代と女子のみ必修世代の間には意識に差がなかった。

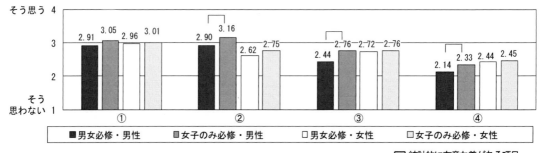

図Ⅰ-2-10　市民性に関わる意識（世代間比較）

…自由記述から…

□少子高齢社会や福祉，環境問題，消費者問題を中心として，社会的な生活問題に関心をもち，学ぶ必要性を感じている。

- 消費生活については，もう少し法的に踏み込んで学びたかった。（女子必修・男性）
- 家庭も多様化しているが，環境（自然・地域）とのかかわりは，生きていく上で欠かせません。地域行政も含めた周辺とのかかわりを学んでおいた方がいいと思います。（女子必修・男性）。
- 少子高齢社会についての議論は今後さらに注目されるべきであり，個人的には政策議論の中では最優先のテーマになるべきだと思う。（今の政治にはそれが感じられない）今後の家庭科教育に期待するところであります。（男女必修・男性）
- もう少し，高齢者問題，福祉について，当時においても意識を高めて学習すればよかったと感じます。（男女必修・男性）
- 環境への配慮の仕方や子供や高齢者について学びたかったです。（男女必修・女性）
- 学びたかったことは，消費者問題，社会福祉，少子高齢化社会のことなど。（女子必修・女性）

□家庭科の視点で，実際の生活と社会的な問題をリンクした学習がしたかった。

- 社会人になってようやく家事の必要性，自立とは何かということを真剣に考えるようになった。高校時代は親に甘え，あまり家事をしなかったので今になってやっておけばよかったなと思う。家庭科がそのきっかけになればよいと思う。（男女必修・男性）
- 調理実習（きゅうりの検定試験があった）や被服実習（割烹着作成）はよく覚えているが，消費生活や地域社会，政治との関連についてはあまり覚えていない。大学の授業で学び参考になったので，ぜひ，高校家庭科でも力を入れていただきたい。（男女必修・女性）
- 自分の日々の私生活について見直すことができたり，今後の将来について考えることができた。地域活動など，どんなことを行っているか分かり，参加してみようと思った。（男女必修・女性）
- 家庭科を通して，社会のことを学生時代から，もっと知識を深めて欲しいと思います。（男女必修・女性）
- 今，思い返せば，高校生の時に家庭科から社会へ目を向ける」視点から学習できれば，もっと深めて行くことができたのにと思います。また，現在はグローバル社会になっているので，家庭科の視点でグローバルな見方を養うことが，自分自身の視野や可能性を広げることができたのかなと思います（女子必修・女性）。
- 家庭科という科目と実際の生活，社会的な問題をリンクした学習ができたら良かったと今は思います。（女子必修・女性）

　いずれの世代・性別でも，家庭生活に関する知識・技能の学習を基盤にしつつ，それらの学習をきっかけとして，グローバルな環境問題，社会問題等に視野を広げ，環境や社会福祉を中心とした政治的な課題に目を向けることの必要性を実感していた。そして，こういった市民性の意識を育てる学習を家庭科で学ぶことを期待している記述が見られた。

(藤田昌子，小川裕子)

5 社会人はどのように生活を実践しているのか

(1) パートナーシップ

　社会人は，日頃の家事の協力・分担や子育てなどにどのように関わっているだろうか。パートナーシップに関する4項目の結果を図Ⅰ-2-11に示す。「①生活に関わることは，夫婦で話し合って決める」という協同の意思決定を「する」と回答した人が57.8％と最も高く，「どちらかといえばする」という人と合わせると94.0％の人が実践していた。次いで「②子どもや家族が病気の時には仕事を調整して対応する」という病気時の仕事調整が高かった。

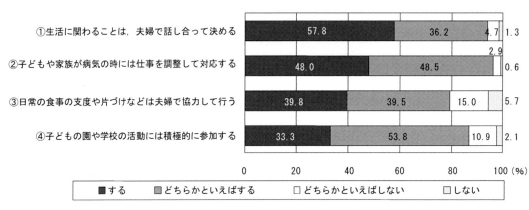

図Ⅰ-2-11　パートナーシップ（n=827）

　また，世代間で比較すると（図Ⅰ-2-12），男性では，男女必修世代男性の方が女子のみ必修世代の男性より「①生活に関わることは，夫婦で話し合って決める」「③日常の食事の支度や片づけなどは夫婦で協力して行う」「④子どもの園や学校の活動には積極的に参加する」が高かった。高校時代に家庭科を学んだ男性の方がパートナーシップが高く，日頃の家事や子育てに関わっていることがわかった。女性では，男女必修世代女性の方が女子のみ必修世代の女性より「③日常の食事の支度や片づけなどは夫婦で協力して行う」が高かった。

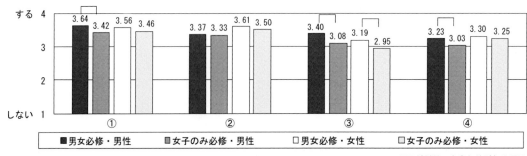

図Ⅰ-2-12　パートナーシップ（世代間比較）

…自由記述から…

□**女子のみ必修世代は，夫婦の協力について学べなかったことが残念と感じている。**

- 夫婦の協力というのは当然のことと思いますが，しかし実際に結婚してその必要性や重要性を認識して初めて実感するものと思います。それまでは「頭では分かっているつもり」であっても，ちょっと漠然としていたり，イメージだけが先行していたりという傾向が強く，それは学校で家庭科を学習している時も同じだったように思います。子育ての協力も，実際に子をもって初めて理解できましたし。（女子必修・男性）
- 最近の家庭科の授業内容が分からないのですが，**生活設計や，男女が協力するという学習をしたかった。**（女子必修・女子）
- 家事の協力や「主夫」に関する成り立ちや議論について**学びたかった。**（女子必修・男性）
- 料理の基礎が学べたことはよかったが，もっと科学的に衣食住を学べるとよかった。**男女が協力，分担して家庭を運営していくという視点で学びたかった。**（女子必修・女性）
- 私は母から料理家事を学び授業で新たに学んだという記憶はないのですが，自分が親となり娘を育てる立場になった今，家庭科という教科があるのは有難いと思います。主人は料理のできない人なので，**男女で家事育児を協力するのが当然という教育を受けていたら少し違っていたのかと考えさせられました。**（女子必修・女性）

□**夫婦で話し合うことや家事を協力することの大切さはわかっているけれども，現実には難しいこともある。**

- 家庭科はエプロンを作ったり，料理を作ったイメージ以外のこっていない。現在，共働きだが，洗濯を干したりたたんだり，お皿は主人ができるので助かるが，まだまだ料理は「女」がしているイメージ。夫婦共に料理ができるととても助かると思う。女が料理というだけで残業できなかったり，男の人と比べて家をあけにくくなる。（男女必修・女性）
- 社会人となり一人暮らしをする時に，衣食住のことをもっとしっかり学んでおくべきであったと反省した。特に，お金に関する金融教育をもっと充実させた方がよいと考える。家庭科を学んだおかげで，親世代とは違って**男女が協力して家庭生活を営むことが常識だと考える。しかし，結婚するまでは女性が働くことを理解しているつもりだったが，自分が異動したことと子どもを預ける場所がなかったことが理由で，夫婦で話し合って，妻に仕事を辞めてもらった。**現実は厳しいが，よりよい環境をつくるため，政治や行政に働きかけていきたいと考えている。（男女必修・男性）

　女子のみ必修世代の人は，男女で共に家庭科を学べなかったことを残念がっていた。また，共に学んだ世代の人の中にも，夫婦の家事参加に対する意識の違いや，夫の仕事の異動で結果的に妻に仕事をやめてもらったことなど，実生活ではなかなか思うようにならない現実を感じていた。その中には，よりよい環境をつくるために政治や行政に働きかけていきたいという意見も見られた。

　家庭において男女が協力する必要性の認識は世代や性別を問わず浸透しつつあることがうかがえる。

（藤田昌子，中西雪夫）

(2) 生活実践状況

　社会人は，どのように生活を実践しているのだろうか。よりよい生活を営むために必要な自立，共生，消費，環境に関わる生活実践状況を捉えたところ（図Ⅰ-2-13），「①日常生活の身の回りのことは自分でする」という自立が最も高く，「する」「どちらかといえばする」という肯定的な回答した人は95.6％であった。次いで「②商品購入時には，比較したり計画を立てたりしている」という消費や「③環境に配慮した生活を心がけている」という環境に関する実践が高かった。一方，「④地域の人と協力した活動等に取り組んでいる」は最も低く，肯定的な回答は約半数となった。

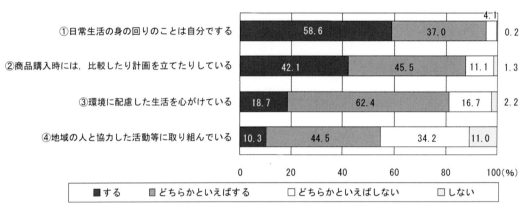

図Ⅰ-2-13　生活実践状況（世代間比較）

　世代間で比較すると（図Ⅰ-2-14），男女ともに女子のみ必修世代の方が男女必修世代より「③環境に配慮した生活を心がけている」「④地域の人と協力した活動等に取り組んでいる」が有意に高い結果となり，生活経験や社会経験の差が影響しているのではないかと考えられた。

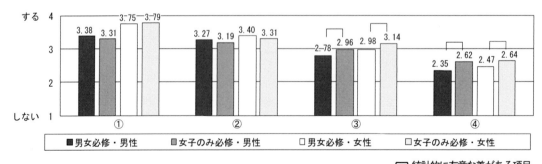

図Ⅰ-2-14　生活実践状況（世代間比較）

…自由記述から…

□**習得した知識や技術を活用して，主体的に生活を創りだしている。**

- 料理や裁縫の基礎を習得したことで，その後も違和感なく家事をすることができたと感じる。（男女必修・男性）
- 家庭科の授業で，「将来への見通し」等は学べなかったように思いますが，自分を取り巻く環境を知り，「今をよりよく生きる」という視点は得られたように思います。（男女必修・女性）
- 家庭科で学んだことをきっかけにして**調理や買い物を自分でするようになった**。（男女必修・女性）
- 私は，高校時代は家庭科を学んでいないが，小中学校時代に「ボタン付け」を学習したことにより，今でも自分で付けることができる。学んでよかった点である。（女子必修・男性）
- 小学校の時，班で協力して調理実習をしたのが楽しかった。買い出しでは，計画的に行い，調理も段取りが大切だと分かった。今でも生かされているように感じる。（女子必修・男性）

□**多角的なものの見方や見通しを持つことの大切さを実感して生活している。**

- フィールドワークで学校周辺の環境について取材，調査しプレゼンしました。**多角的に物事を捉えることの大切さに気付けました**。（男女必修・男性）
- 新聞やテレビで生活に関わる記事をよく読むようになった。（男女必修・女性）
- 料理（男子が異様に張り切っていたのを見た），妊婦体験，栄養学では，ビタミンEやC，尿素など外から塗って吸収できるものじゃないと学び，市販のハンドクリームの宣伝などの真偽について考えるようになった。（男女必修・女性）
- 高校の調理実習は確実に家庭で台所で調理する機会を増やしてくれた。学んでよかった。当時は，女性が一生の仕事を持つことはまだ，限られた職業や環境（三世代同居など）だったので，職業をもち，家庭ももつという生き方にプランや見通しが持てる内容を学びたかった。（女子必修・女性）

□**地域生活への参画や環境に配慮した生活をめざして生活している。**

- 衣食住についての学習はあったが，座学がほとんどだったため，実技にもう少し時間をとって欲しかった。環境に関する学習（リサイクル等）は，現在でも役に立っていると実感している。（男女必修・女性）
- 自分の日々の私生活について見直すことができたり，今後の将来について考えることができた。地域活動など，どんなことを行っているか分かり，参加してみようと思った。（男女必修・女性）
- 私の子は東京の男子校の高校生です。家庭科も調理実習もあります。環境問題（食品のトレーサビリティーやgreen waterなど）のレポートもありすばらしいと思います。共学でも，このくらい男女平等にふつうに学べるとよいと思います。（女子必修・女性）

　自由記述からは，家庭科で習得した知識・技術を活用して生活主体として過ごしていること，その際は，物事を多角的に捉えることや生活を総合的に捉え営んでいることがうかがえた。一方，統計調査で有意差が見られた環境配慮や地域の人との協力に関わっては，直接的に質問していないこともあり，実現していることが読みとれる自由記述内容はほとんどなかった。

（日景弥生，高木幸子）

6 社会人の家庭科で身についたと考えている力は生活意識・実践につながっているか

　家庭科で身についたと考えている力は，生活に関する意識や実践に関係しているだろうか。
　男女で家庭科を学んだ世代に対し，図Ⅰ-2-5（p.36）の家庭科で習得をめざす各項目について，身についたと「思う」を4点，「どちらかといえば思う」を3点，「どちらかといえば思わない」を2点，「思わない」を1点として得点化し，全項目の平均を求めたところ，男女ともに2.63であった。

　この平均値より高いグループと低いグループで，ジェンダー観（p.38 図Ⅰ-2-7の5項目の平均値）と市民性（p.40 図Ⅰ-2-9の4項目の平均値）を比較した。女性においては差がみられず，男性は高いグループ（より多く身についたと考えているグループ）の方が現在のジェンダー観も市民性に関わる意識もともに高かった（図Ⅰ-2-15）。

　同様に平均値の高いグループと低いグループで，パートナーシップ（p.42 図Ⅰ-2-11の4項目の平均値）と生活実践状況（p.44 図Ⅰ-2-13の4項目の平均値）を比較したところ，図Ⅰ-2-15に示すように，男女ともに高いグループの方が現在のパートナーシップと生活実践状況が有意に高かった。

　このように，家庭科履修でより多くの力を身につけたと考えている人は，男女ともに現在の生活に関する実践（パートナーシップ，生活実践状況）が高く，男性は現在の生活意識（ジェンダー観，市民性）も高い結果であった。このことから，男女必修家庭科は，現在の生活に関する意識や実践と関連があること，なかでも特に男性の意識や実践につながっていることが推察された。

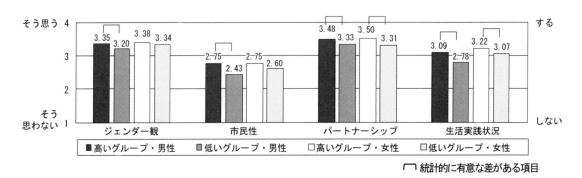

図Ⅰ-2-15　生活意識・実践（身についたと考える力による比較）

…自由記述から…

□家庭科により多くの力が身についたと考えている社会人は，これからの家庭科教育のあり方を考えている。

- 家庭生活における技術の習得が目的のように感じていたので，基本的な裁縫の仕方であったり，料理や洗濯に関する知識を得たりしたことが成長するにつれて役立ったと思っている。（男女必修・女性）
- **親との関わり方が難しいときに，親の気持ちや子がその気持ちをどのように受け止めるべきかを学び，ぎくしゃくしなくなった。**（男女必修・女性）
- 自分自身ができないこと，知らないことに気づくことができた。順を追っていく，積み重ねていく教科とは異なる要素が多く，**いつも新しい何かを得ることが多かった**。また，技能面では，家庭科で学んでよかったと思うものが多い。（男女必修・男性）
- 単純に，裁縫や料理の基礎的な技能が今の生活に役立っています。また，**高校当時，授業を受けて自分の生活を見つめ直す機会になりました**。なお，中学校でも家庭科をうけました。（男女必修・男性）
- 男女どちらが何をするにせよ，基本的な知識や技能の習得は大切であるが，高校の「家庭科」が担うべきものかは一考の余地がある。「人生」「環境」「家族」…等のキーワードについて男女でしっかり考える機会を与える教科であって欲しい。（女子必修・男性）
- 調理や裁縫など，家庭科で学んだことが今の生活のいろいろな場面で役立っています。**娘を見ていると，中学・高校で裁縫の実習がなかったので，全くできていない気がします**。家庭科で学ぶ社会の見方も非常におもしろく，大切なことだと思います。仕事でかかわってみて，**家庭科のおもしろさがよく分かりました**。高校生に伝わるといいなあと思います。（女子必修・女性）

□社会人になってからの生活で，高校時代の家庭科の重要性を実感している。

- ローンや利息の話，出産子育ては高校生の頃は実感がもてない領域でしたが，**今となってはしっかり学んでおけばよかったと考えています**。（男女必修・男性）
- 今思えば，もっと裁縫などを**頑張って学べばよかった**と思います。結婚，子育てをして強く後悔しています。（男女必修・女性）
- 生活に役立つ事をもっと学びたかった。**高校の時の自分にもう少し興味をもってと言いたい**。（男女必修・女性）
- **学ぶ機会があるうちにもっと深く考え，真面目に学べばよかったと思った**。個人的には社会との関わりについて関連付けて考えていなかったので，もっとちゃんと授業を受けるべきだと思った。（男女必修・女性）

　家庭科を通して身についたと考える力の程度にかかわらず，家庭科で学んだことを社会人としての生活に役立て，もっといろいろなことを学びたかったと感じていることが記述内容からうかがえた。家庭科を通してより多くの力をつけたと感じている社会人は，自身の生活をより豊かに実現していることが自由記述から読みとれた。

（藤田昌子，中西雪夫）

コラム2　今だから分かる　家庭科の学び

　自由記述からは社会人としての生活経験と高校時代を振り返って，家庭科の学びに対する後悔や反省の記述が多くみられた。

□**後悔先に立たず。家庭科の学習は必ず役立つ！**
　よりよく生きるための必須科目である。

- 学習した時より後になって役に立ったと感じることが多い。将来役立つ時がくると自覚して学習しておけばよかったと今になって思う。（男女必修・男性）・高校生の時に家庭科を学んだ際には自分のことを考えられず（考えもしなかった）1つの教科として捉えていた。今，大人になり自立して生活することで，その時に学んだことがとても大切であることに気付いた。難しいと思うが，高校生に『**必ず役立つ日がくる**』『**必要となる日がくる**』ことを意識して学んで欲しい。（男女必修・男性）
- 高校1年生の時に履修しました。当時は『入試に必要ない教科』という気持ちが強く，現時点では，あまり記憶に残っていない。しかし，**家庭を持ったら，家庭科という教科の重要性，必要性を強く感じている**。多くの先生がそうしているとは思いますが，卒業後の生活でいかに家庭科で学ぶことが役に立つかを教科書で強調するとよりよいのではと思う。（男女必修・男性）・**生涯を通してよく生きるための教科という認識に乏しかったが，今後は必要**。（男女必修・男性）
- 生活に役立つ事をもっと学びたかった。高校の時の自分にもう少し興味をもってと言いたい。（男女必修・女性）・学ぶ機会があるうちにもっと深く考え，**真面目に学べばよかったと思った**。個人的には**社会との関わりについて関連付けて考えていなかったので，もっとちゃんと授業を受けるべきだと思った**。（男女必修・女性）・今思えば，**もっと裁縫などを頑張って学べばよかった**と思います。**結婚，子育てをして強く後悔しています**。（男女必修・女性）
- 高校の家庭科はあまり熱心に学んだとは言えませんが，**教科書1冊の中にたくさん役立つ内容が網羅されていたんだなあと思ったことは今でも覚えています**。自分に学ぶ準備ができていなかったのでもったいなかったなと思います。高校を卒業して進学等で**自宅を離れる時高校で学んだ家庭科が一番役立つ**と思うので，高校生（小・中も含めて）が興味関心を持って学べるよう"しかけ"をお願いします。（女子必修・女性）
- 男女共修世代でもなく，男子校だったため，就職して一人暮らしになった際に，栄養等の知識がなく，口内炎など発症し困った経験がある。家族と暮らしていた際には，母が栄養を考えて食事を作ってくれていたことを実感した。**家庭科を学ばなかった事で苦労した経験により，家庭科を学びたかったと思った**。また，それとともに，家族のありがたさを実感した瞬間でもあった。（女子必修・男性）

　記述内容からは，社会生活・独立後の家庭生活において家庭科で学んだことが役立つという実感やちゃんとやっていなかったために苦労しているという現状などから，高校時代にはそのことに気がつくことができなかった後悔とともに，高校家庭科への期待感も読みとることができる。

家事や将来の生活設計などについては，高校生までは関心をもったり，具体的に考えたりしづらい傾向があるようだ。実際の生活場面に直面して初めて重要性・必要性を突きつけられている様子がうかがえる。高校生が関心をもち自分事となるようにする仕掛けや工夫がさらに必要である。今後の家庭科教育の充実に向けた示唆を読みとることができる記述もみられた。

□要望に応え，工夫していくためには，体験的な活動に加え，科学的視点，社会的視点，人生を見通す視点もさらに必要である。

- 最近の小中高家庭科教科書では，**キャリア教育に資する内容が充実し始めています**が，私の小中学生時代には，あまり重視されていなかったからか，記憶にありません。『家庭科で学びたかったこと』という視点で，家庭科を通じて身に付けた内容が，社会でどのように活かされているのかが知れる機会であったらよかったなと思います。（女子必修・男性）
- 最近の若手社員を見て，**共修世代は男性であっても積極的に取り組んでいる姿が多くみられ，共修化の成果を感じています**。家庭も多様化しているが，環境（自然・地域）とのかかわりは，生きていく上で欠かせません。地域行政も含めた周辺とのかかわりを学んでおいた方がいいと思います。（高校時代に）（女子必修・男性）
- 小学生の時の家庭科の授業で，「野菜炒め」を作り，味付けに失敗して，ひどく辛く，班の全員が先生に叱られたのを今でも覚えている。家庭科は生活に直結している科目であるため，その**体験したことの記憶は，深く心に残りやすい**のではないかと思う。（女子必修・男性）
- **科学的・論理的な視点から実習を学びたかった**。（男女必修・男性）
- 男女ともに料理や裁縫などの実技をきちんと学んだ方がよいと思います。**ニートや非正規雇用が増える中で，夫婦で働いて生計を立てること，若者が働いて社会全体を支えなければならないことを指導する必要がある**と思います。指導の範囲外かも知れませんが。一生の中での家計のサイクルを考えたり，ファイナンシャルプランを立てることも有効だと思います。（男女必修・女性）
- 学校を卒業してから家庭科の重要性を感じました。在学中は，受験教科に目が行きがちでした。**生活を科学的にとらえると男性も興味がわく**のではないかと思います。（男女必修・女性）
- 家庭科の授業で，「将来への見通し」等は学べなかったように思いますが，**自分を取り巻く環境を知り，「今をよりよく生きる」という視点は得られた**ように思います。（男女必修・女性）
- 高校は進学クラスだったため，家庭科はほとんどなかった。大人になってから思うのは，洋裁系をもっと学びたかった。洋裁は全くやる機会がないので，ブラウスのボタンを直すのが精いっぱいな状態です。**家庭科で実践的な技術を身につけてそれを子どものために使いたかったと今は強く思います**。（男女必修・女性）
- **衣食住の技能を科学的に教えてもらいたかった**。また，生活設計や福祉について学んだ記憶がないため，学びたかったと思う。（女子必修・女性）

（財津庸子）

3 まとめ ―調査の総括とこれからの課題―

　日本家庭科教育学会は学会創立60周年を記念して特別研究委員会を組織し，2016年に以下の2つの全国調査を実施した。
　　1　高等学校家庭科男女必修の成果と課題を探る社会人調査
　　2　家庭科の意義・役割や生活実態を探る高校生調査
　当学会は，1980年，2001年に児童生徒の生活実態や意識を把握する全国調査を，2006年に高校男女必修家庭科の実施10年時の調査を実施してきた[1]。本調査はその結果を踏まえながら以下の2点を目的として実施したものである。
① 　全国の高校生4,302人の生活意識や実践，家庭科で獲得する学力について把握するとともに，意識と実践の関連を分析し，家庭科の特性や課題を明らかにする。
② 　1994年の高校の男女必修開始から22年経過時点での社会人827人の生活意識や実践を把握し，「男女必修世代（調査時37歳以下）」と「女子のみ必修世代」を比較することで男女必修家庭科の成果や課題を探る。

　ここでは，2つの調査結果を横断的に見通し，また社会人，高校生の生の声に耳を傾けながら，以下の6点から家庭科の今を読み解いていく。これらを通してこれからの家庭科の展望や課題についてまとめてみたい。
　　1　家庭科の有用感と教科観
　　2　家庭科で身についたと考える力
　　3　学んで良かったこと，もっと学びたかったこと，これから重視したい学び
　　4　高校生にみる生活実践力や生活意識の特徴と関連
　　5　男女必修家庭科の成果と課題
　　6　これからの家庭科に向けて

1　家庭科の有用感と教科観

（1）家庭科の有用性への社会人の意識は高い

　高等学校で家庭科を学んだ社会人の約95％が「学んでよかった」と回答している。回答結果には世代別，性別の有意差はみられず，社会人は家庭科の履修を肯定的に捉えていた。自由記述のなかで「後になって役に立ったと感じることが多い。将来役立つ時がくると自覚して学習しておけばよかった」「もっと真面目に学べばよかった」と，男女の別なく多くの社会人が語っている。また男女必修世代の男性の記述には，「調理の知識や栄養バランスの重要性など，今も意識して生活している」「他人や男女の考え方の違いを知ることができたのがよかった」「家族や子どもの理解を深めたことが今になって活きている」といった記述もみられた。卒業後の生活のなかで家庭科で習得した知を活用することで，改めて学習の意味を実感している。

（2）「生活を総合的に学ぶ教科」という家庭科観が育まれている

　家庭科はどのような教科と捉えられているか，高校生，社会人に同一の項目で尋ねた。

　肯定的割合が両者ともに最も高いのは，「身辺整理の仕方について学ぶ教科」（高校生96％，社会人91％）である。次いで「人間の生活について総合的，実践的に学ぶ教科」（93％，88％），「将来の結婚，子育ての知識や技術を習得するための教科」（90％，73％），「社会へも目を向け，家庭の在り方や生き方について学ぶ教科」（88％，67％）の順となっている。高校生でみると肯定する割合はいずれも9割前後と高い。家庭科は生活知識・スキルを獲得する教科であると同時に，将来や社会に目を向け，生活を包括的に学ぶ教科と捉える見方が定着しつつあると考えられる。社会人と高校生とを比較すると，高校生の方が肯定的割合は高く，より若い層ほど家庭科をより広い視野から捉える方向に教科観が変化している。

　1990年代以降の社会変化を背景とした家庭科の学習内容や視点の広がり，思考・判断を重視する学力観の変化，そして何よりも男女必修という履修形態により学習機会の公平性が保証され，教科がまとってきたジェンダー色が払拭されたことが，家庭科の教科観に影響しているものと思われる。

2　家庭科で身についたと考える力

　高校生と社会人とに同一の項目で尋ねた5項目について，肯定的回答の割合を比べてみる。

　肯定率の高い順に①「生活に関する基礎的な知識や技術が身についた」（高校生92％，社会人85％），②「家庭生活は男女が協力して営むものであると考えるようになった」（90％，63％），③「子育ての意義と親の役割について考えるようになった」（80％，56％），④「将来のことやこれからの人生について考えるようになった」（84％，45％），⑤「少子高齢化や消費者問題など，今日の家庭生活に関わる社会問題について考えるようになった」（73％，38％）であった。

　高校生，社会人ともに，家庭科を学ぶことで，生活の知識や技術が身についたと考えている。加えて，高校生の9割と社会人の6割強が，男女協力の意識が身についたと考えている。社会人について，家庭科の男女必修世代と女子のみ必修世代を比較すると，肯定する割合は前者が統計的に有意に高い。家庭科を男女がともに学ぶ中で，男女協力の意識が育てられていると考えられる。

　また全ての項目で高校生の方が社会人より肯定的な割合が高く，特に，将来の人生についての意識や少子高齢化，消費者問題など社会問題を考えるようになったとの回答に差が出ている。

　その背景には，すでに述べたように，個人と家族を取り巻く状況が大きく変化したことが挙げられる。少子高齢化や消費者問題のほか，環境保全や廃棄の問題など地球規模で社会問題が顕在化し，家庭科の教科内容のなかで福祉や共生，消費・環境など，生活を包括的に捉える視

点がより重視されるようになった。多くの知識や情報に触れ，生徒自身も一定程度これらの内容を身近な問題として学び，受けとめていることがうかがわれる。

3 学んで良かったこと，もっと学びたかったこと，これから重視したい学び

　冒頭でも触れたように，社会人が学んで良かった内容としては，世代を超えて「生活を支える知識と技能」が挙げられていた。また学んでよかった視点としては，男女必修世代は生活を多角的に捉え生活を見つめ直す視点を，女子のみ必修世代は，生活の科学的な裏づけや基本的な考え方の獲得を挙げていた。

　「もっと学びたかった」の記述数が多いのは男女必修世代である。調理技能や消費生活（男性），生活設計，税金や保険，衣生活の技能（女性）など，30代子育て期の生活のなかで，その必要性を実感していることがうかがわれた。また「高齢者問題，福祉について当時においても意識を高めて学習すればよかった」（必修世代の男性），「共働き子育て世代，要介護の人がいる世帯の生活などを実例を交えて教える」「夫婦の協力のし方，家庭内暴力，モラルハラスメントなどについても学校で学びたかった」（男女必修，女性）など，現実の経験に照らして改めて家庭科への想いが語られていた。そのためには「もっと時間数が必要」の記述も多くみられた。

　これらの経験を通しての感想の傾向は，質問紙の「これから重視したい学び」についての回答にも表れている。各質問項目について肯定的回答の割合を見ると，「衣食住の知識と技能の習得」（94％），「家族や家庭生活，子どもや高齢者，社会福祉などについての理解」（91％），「消費生活や環境に配慮した生活についての理解」（89％），「人の一生と将来を見通した生活設計などの理解」（83％），「家庭・地域社会の問題や課題の改善への取組み」（80％），「生活を科学的に捉える視点の習得」（71％）の順となっている。社会人は，衣食住の知識技能だけでなく，家族や福祉，消費・環境，生活設計などの学習がこれからの家庭科で重要と考えている。

　なお，高校生の自由記述では，実習，とりわけ調理に関わる実習への要望が7割を占め，実践的，主体的な学びや，調べ学習への要望がだされた。1999年の学習指導要領改訂により，従来の4単位科目に加え2単位科目「家庭基礎」が新設された。それ以降，受験教科重視の学校運営のもと，2単位を選択する学校が大半を占めるようになった。本調査の対象校もほとんどが2単位履修校であり，高校生の自由記述にみる要望は，実験・実習時間が十分に確保できない現状が背景にある。

4 高校生にみる生活実践力や生活意識の特徴と関連

(1) 生活実践状況と生活意識にみる課題

① 学んだ生活知識・スキルの日常生活での活用は十分ではない

ここではまず,本書の副題となっている「生活リテラシー」について若干の説明をしたい。

リテラシーという用語は1980年代の米国で「読み書き能力」を意味するものとして用いられ,その後,識字能力だけでなく,学習者の自立や職業,市民生活など社会参加につながる能力としての意味づけがなされるようになった。さらにフレイレ(Freire, P.)により現実社会を批判的に読み解く批判的リテラシー教育が提起され,それらの視点は近年のOECDのリテラシー概念にもとりいれられている[2]。

本調査では,生徒が知識やスキルを活用し,生活に主体的に取り組む力を,近年のリテラシー概念を参考に,「生活リテラシー」と表現することとした。また,これらをとらえる手だてのひとつとして,生活実践度に着目した。具体的には,「生活」を包括的にとらえる視点から,食生活,衣生活,住生活,生活時間の管理,商品の品質表示の確認,環境に配慮した省エネルギーの実践,地域や高齢者等との協働・共生,情報活用などに関わる11の質問項目を設定し,その実践状況を分析した。

回答結果を見ると,季節に合った衣服の自己決定や近隣へのマナー,バスや電車での高齢者等への対応に関しての実践率は比較的高いが,食生活での調理や栄養管理,被服の修繕(ボタンつけ)などの実践率は低い。

ちなみに,2001年の学会調査とほぼ同一の項目で高校2年生に質問した「食事作り」「ボタンつけ」「季節に合った服の自己決定」の「いつもする」の結果[3]と今回の調査結果を比べると,食事作りは同一(8%→8%),ボタンつけ(14%→21%),被服の自己決定(82%→73%)であり,食事作りの実践度の低さが際立っている。一方,質問内容は少し異なるがほぼ同一の趣旨の「お年寄りや体の不自由な人の手助け」と「バスや電車の席を譲る」では6%→49%へと大きく変化している。共生の意識や実践が,この15年間で高校生にとってより身近なものになっていることがうかがわれる。

高校生の約9割が,家庭科の意義を「手や体を使って技術を身につけたり,生活に役立つことを学んだり,生きた勉強ができる」ことと認識している一方で,それを活用しての日常生活での実践は十分とはいえない。またその状況は2001年と比較しても変わっていない。高校生の生活時間が学校や塾,部活等で占められ,生活者としては極めて受け身の生活をしていることが,改めて浮き彫りとなった。学習と実生活をどう結び付けるか,特に食生活や被服生活への生徒自身の主体的な関わりやスキルの活用をどう後押しするか,家庭科の重要な課題である。

② ジェンダーにとらわれない意識は男女ともに高い

ジェンダー意識をみるため,性別役割分業,性差別,性差に関わる6つの項目について尋ね

た。家事育児での協力，賃金の平等，男女共の経済的自立などは男女ともに8，9割が肯定し，ジェンダーにとらわれない意識は男女ともに高いといえる。なお，性別でみるとどの項目でも女子の意識がより高く，役割分業意識がなお男子に根強いこともうかがわれた。

③　市民としての政治関心は男子が，社会参加意欲は女子が高い

　市民の一人として社会にどう関わるかの意識を「市民性」ととらえ，政治への関心や社会活動への参加意欲について尋ねたところ，政治への関心や意欲は男子が，また災害救助や他者を手助けするボランティア意欲は女子が高く，いずれも有意差がみられた。社会活動について33％の男子が「参加意欲なし」と答えており，女子の19％と大きな差がある。この違いはどこからくるのか，その要因については今後さらなる分析が必要だろう。

(2) 家庭科で獲得する生活リテラシーは青年期の成長・成熟と関わる

　高校生の衣食住や時間管理の自立，共生・協働や消費・環境等に関わる実践力・活用力（生活リテラシー）と，生活意識（ジェンダー観，市民性，自己理解や自尊感情）との関連をみた。両者には有意な関連があり，日常生活における実践力・活用力の高い生徒は，自己理解や自尊感情が高く，ジェンダー平等の意識が高く，市民性，社会活動への意欲も高い結果が示された。

　ジェンダー平等の意識，市民性，社会活動への意欲の涵養などは，教育基本法第2条の第3項に明記されており，学校教育において教科が共通に目指す方向である[4]。また，本調査で生徒の自尊心の低さが明らかになったが，国際比較調査においても日本の青少年の自己肯定感の低さが指摘され，課題となっている[5]。これらを考慮すると，今回の調査で，家庭科で獲得する生活リテラシーが生徒の自立やよりよい生活の実践につながるだけでなく，彼ら自身の自尊感情を高め精神的な成長や社会的成熟と包括的に関わっていることが示された意味は大きい。家庭科という教科のもつ可能性を教育全体の中で見定める視点に立った時，重要な示唆を含んでいるといえるだろう。

5　男女必修家庭科の成果と課題

　家庭科は戦後，日本国憲法（1947年発布）に掲げられた男女平等の理念を土台として，民主的な家庭建設のための教科として誕生した。小学校は男女共学，中学は職業科の選択科目のひとつとして出発したが，戦前から地続きの女子用教科の色合いも残しながらの船出であった[6]。その後1960年代以降の高度経済成長期には，経済界の要請を背景に，外で働く夫と家庭を守る妻の役割分業が政策として強化され，高等学校家庭は女子のみ必修となった。それから約20年，世界的に男女平等への認識が高まるなか，女子差別撤廃条約の批准（1985年）や家庭科の男女共修を求める教師や市民の運動も相まって，1989年の学習指導要領改訂で高校家庭は男女必修の教科となった。1994年度より学年進行で履修が開始され，現在，家庭科を履修した卒業生は

30代後半となり,まさに子育て世代である。

　ジェンダー平等の観点から見たとき,男女必修家庭科は以下の点でかけがえのない意味をもっている[7]。第1は,男女が同じ教室でともに学ぶ経験のもつ意味である。風景として当たり前となることはジェンダーにとらわれない感覚の獲得につながるだろう。第2は,学習内容に,家族やパートナーシップ,児童,高齢者,福祉など,共生や協働に関わる内容を含んでいることである。家庭科を共に学ぶなかで,人の命や生活,共に生きることへの理解や認識が深まっていく。第3は,生活の知識とスキルを獲得することが,実践の幅を広げるとともに,行動へのハードルを低くすることにつながる,ということである。

　男女必修家庭科開始から22年が経過(調査時)した時点で,必修で学んだ世代とその上の世代ではどのような違いがあるだろうか。調査結果で注目したいのは以下の2点である。

① **家庭科を男女で学んだ男性はパートナーシップの意識や実践度が高い**

　男女必修世代の男性と,家庭科を学ばなかった世代の男性とを比較すると,「生活に関わることは夫婦で話し合って決める」「子供の園や学校の活動には積極的に参加する」「日常の食事の支度や片づけなどは夫婦で協力して行う」の3点で,男女必修世代の方が,パートナーシップ実践度は有意に高くなっている。

　対象者のジェンダー観に関わる問い「家事や育児は男女で協力して行うのが良い」に関しては約7割が「そう思う」と答え,性別,世代による差はみられなかった。意識面では差がなく,実践面で異なってくるという点から考えると,男女必修の家庭科は,特に男性の,実践に向かう意欲やそれを可能にする知識・スキルの獲得を支えるものになっていることが推察される。

② **家庭科で生活力を身につけることは,卒業後の意識・実践力につながる**

　家庭科で多様な力を身につけたと考える社会人は,性別を超えてジェンダー観,市民性意識,パートナーシップ意識・実践や生活リテラシーが高く,とりわけ男性の場合は,ジェンダー観,市民性意識の高さと有意な関連がみられた。この結果は,高校生の生活実践力と生活意識との関連と同様な結果であった。

　以上により,男女がともに学ぶ家庭科は,在学中だけでなく,卒業後も生涯にわたって生活に対する意識や実践力を高めるとともに,とりわけ,男性にとって,協力して家庭を営み子育てするパートナーシップの涵養に寄与することが示唆された。

　一方,以下のような課題もみられた。

☐　家庭科履修で獲得したと考える力のうち,「生活に関わる知識・技能」「男女協力」のポイントに比べ,「生活に関わる社会問題の視点」「生活を科学的に見つめる視点」のポイントは低く,獲得した力に差が生じている。

☐　女子のみ必修世代の女性は,男女必修世代の女性に比べ「生活を科学的に見つめる視点」

を重視していた。女子のみ必修時代の家庭科は，学習内容が衣食住中心で，知識・技術の習得に力点がおかれていたこと，かつ4単位履修（週2時間で2年間履修）で実習・実験の時間が確保できていたことが影響していると推察される。

6 これからの家庭科に向けて

今回の高校生，社会人の調査を通じて，あらためて家庭科は，現在から未来へつながる個人の生活意識や実践に関わりの深い教科であることが確認された。社会人の「家庭を持ったら，家庭科という教科の重要性，必要性を強く感じている」「生涯を通してよく生きるための教科という認識が乏しかった」（男女必修世代・男性），「もっと学ぶ時間があるとよかった」（男女必修世代・女性）などの多くの声がこのことを示している。

家庭科は，生活をより良くする，ウェルビーイングの追究を目標としている。生活を包括的に捉える視点を獲得するとともに，知識・技能の活用方法を身につけ，実生活の中で応用し展開していく力をつけようとしている。

21世紀に入り，超高齢社会や地球環境の破壊，格差や差別，食料や水，健康などの問題が深刻さを増し，解決すべき課題として認識されるようになってきた。国連のSDGs（持続可能な開発目標 Sustainable Development Goals）に掲げられた17の目標はまさにそれらを包括している[8]。掲げられた課題は，全て個人や家族の命や生活に関わっており，家庭科との親和性は高い。家庭科の学びは，このような社会的課題に向かい合う生活者としての力を育むことにつながる。

ちなみに，思考し，問題を解決し，発信する力を育てることは，21世紀以降の各国の教育指針の中核に据えられているが，わが国の2018年，2019年改訂の学習指導要領においても，全教科共通の資質・能力として提起されている。その意味では，これからの時代，家庭科という教科の特性や教育全体の中での可能性がより可視化されやすくなるといえるだろう。

その一方で，現状の家庭科は，アンケート中の教師の声に表れているごとく，大学受験偏重の学校現場において，授業時間数の少なさや，それによる常勤教師の削減など，多くの困難を抱えている。

本調査の結果は，家庭科が育む生活リテラシーが，青年期の精神的な成長や成熟と関わるだけでなく，卒業後の生活の実践力やパートナーシップに関わりを持つこと，つまり家庭科教育の充実は，未来のよりよい生活をつくる担い手を育てることに確かにつながることを示している。こうした家庭科の特性や可能性を，家庭科関係者は，教科を超えて広くアピールしていくことが重要だろう。同時に，教員数や授業時間の増加など，充実した学習に欠かせない環境整備についても，実証的な研究をもとに要求していく必要がある。さらには，学習と生活をつないで生徒の実践力を高めたり，社会問題へと視点を広げたりする学習内容・方法についての理

論的,実践的研究も,本調査から見えてきた課題の克服につながる。今後,学会を中心にこうした研究や取り組みをより一層活性化させていくことが重要である。　　　　　　　（荒井紀子）

注および引用文献
1）これまでの学会による全国調査の結果は以下の書籍や報告書にまとめられている。
　①「現代の子どもたちは家庭生活をどうみているか」(1984) 家政教育社
　②「現代の子どもたちは家庭生活で何ができるか」(1985) 家政教育社
　③「家庭科で育つ子どもたちの力」(2004) 明治図書
　④「高等学校家庭科男女必修の成果と課題」報告書 (2007)
2）樋口とみ子. (2010). リテラシー概念の展開. 松下佳代編著,＜新しい能力＞は教育を変えるか（p.80-106）.東京：ミネルヴァ書房
3）日本家庭科教育学会編. (2001). 家庭科で育つ子どもたちの力. (p.21-31). 東京：明治図書.
4）教育基本法第2条第3項には「正義と責任,男女の平等,自他の敬愛と協力を重んずるとともに,公共の精神に基づき,主体的に社会の形成に参画し,その発展に寄与する態度を養うこと」と記されている。
5）内閣府「我が国と諸外国の若者の意識に関する調査（H.25）」によれば,日本の若者（13～29歳）の自己肯定感は7か国（日本,韓国,米国,英国,ドイツ,フランス,スウェーデン）のなかで最も低い結果となっている。
6）朴木佳緒留・鈴木敏子. (1991). 資料から見る戦後家庭科のあゆみ. 東京：学術図書出版社
7）荒井紀子. (1996). ジェンダーと家庭科教育. 日本家政学会誌 Vol.47, No.6. 617-619
8）2015年9月に開催された国連サミットで,2030年までの長期的開発の指針として「持続可能な開発のための2030アジェンダ」が採択された。SDGsは17の目標から成っている。家庭科の学習は,そのうち,食料,健康と福祉,ジェンダー平等,クリーン・エネルギー,差別の撤廃,町づくり,作る責任・使う責任,パートナーシップ等,8つの目標と関連が深い。

付記　本書第Ⅰ部の調査については,日本家庭科教育学会誌の以下の号に調査報告を掲載している。合わせてお読みいただきたい。
　・「家庭生活に関わる意識や高等学校家庭科に関する全国調査」
　　シリーズ1　全国調査の趣旨および高等学校家庭科男女必修の成果と課題を探る社会人調査
　　　　　　　　　（数量的データ分析）日本家庭科教育学会誌第61巻第1号
　　シリーズ2　同テーマ（自由記述分析）　　日本家庭科教育学会誌第61巻第2号
　　シリーズ3　家庭科の意義・役割や生活実態を探る高校生調査および全国調査の総括
　　　　　　　　　日本家庭科教育学会第61巻第3号

第II部

家庭科で育む
資質・能力と
授業実践

1 家庭科教育の学びを再考する

　この章では，先の調査結果をもとに，家庭科教育において重視すべき4つの視点について検討する。この4つの視点は，これまでの家庭科教育において歴史的にも繰り返し論じられてきているが，あらためて，学習者や社会人が生活の中で家庭科教育の学びを活用している実態の中から検討する視点として適当であると考えた。

　ここでは，まずこの視点を抽出した理由を視点ごとに説明したうえで，第Ⅱ部後半に掲載した授業実践事例とこれらの視点の関連について若干の説明を加える。

視点1　生活の科学的認識

　家庭科で学んだ内容が有用であるということは，社会人となり生活を営む中で多様な経験を積み，身をもって実感するようになるという知見が示された。その際，単に生活上の経験がそのまま家庭科の学びと関連付けられるわけではない。自らの生活をとらえる視点，つまり生活を認識する方法を有していることが重要なのであり，高校までに学んでおくべきことである。「生活を科学的に見つめる視点」が十分には意識されてないという調査結果からも，家庭内では得られない学校教育の家庭科でこそ学ぶべき内容として検討を要する点である。

視点2　生活に関わる技能・技術の習得

　家庭科の学びの中でも，高校生，社会人の多くが有用と考えている内容として，「生活に関わる知識と技能」が挙げられた。生活に関わる技能技術は家庭科で学ぶ内容の中でも，現在から未来へ続く人生の中で有用な具体的な学習内容の一つである。ただし，「生活の中で充分に活用されていない」と示された調査結果や，技術革新が進む現代社会においては技能技術が必ずしも必要とされないという状況にあって再検討の必要がある視点である。

視点3　他者との協力，協働，共生

　家庭科を男女で学んだ男性はパートナーシップの意識が高く，よく実践しているという調査結果が示された。さらに多様な人が共に生きるという「共生」の意識や実践がより身近なものになっているということも示された。家庭科では他者と協力しながら協働して自立することを目標の一つとしている。日々の当たり前の生活の営みとともに，自己から広がる他者との関わりを重ねて，人間関係を形成するというわかりやすさが家庭科の学びの特徴である。その学びを具体的な授業実践として示す必要がある。

視点4　未来を見通した設計

　高校生と社会人は，共に「生活を総合的に学ぶ教科」として家庭科をとらえていることが示された。とくに家庭科を男女で学ぶようになって以降，多様な社会問題や地域の問題を身近な事柄から考え，解決するという学びを大切にしている結果と言ってよいだろう。さらに家庭科の学びは，最終的に学習者が現在から未来へと続く個人の生活を創り出すことにつながっている。社会人の多くが家庭科を「もっと学んでおけばよかった」と思っていることからも，毎日の生活を積極的に営み，豊かに暮らすこと，さらにそのことが個人のみならずよりよい社会の実現にも貢献するという点を明示したい。

4つの視点を重視した授業実践

　本書では4つの視点を提示して，授業実践事例を学会員より募り，これらの視点を重視する具体的な授業実践を提案することとした。なお，周知の通り，通常一つの授業実践には複数のねらいが包含されており，指導方法にも様々な意味が込められている。ここに提案された授業実践はすでに実施され，その成果も検証されており，重視した視点に関する成果だけではない多様な可能性が示されている。それらは授業者の経験とリフレクションを通して計画された授業であるからである。ただし，今回本書では，実際の授業実践の豊かさは理解しながらも，ここで示した4つの視点に焦点化して授業実践を整理することとした。以下にそれぞれの視点を重視して提案する授業実践を一覧する。

視点1　生活の科学的認識
　1　より良い食品選択するには？：牛乳等飲み比べから知る食品表示の読み解き（中学校）
　2　部屋にふさわしいカーテンを選ぼう（中学校）

視点2　生活に関わる技能・技術の習得
　3　子どもの日を祝う調理実習を演出しよう（高等学校）
　4　アイロンを極めよう（中学校）

視点3　他者との協力，協働，共生
　5　ライフステージにふさわしい住まいとは（中学校）
　6　サバ飯（サバイバル飯）チャレンジ：被災者の声を生かして家族が元気になれるサバ飯を考えよう（中学校）
　7　自分の未来を描こう（高等学校）

視点4　未来を見通した設計
　8　リスクについて考える（中学校・高等学校）
　9　じょうずに使おうお金と物：持続可能な社会の実現に向けて，自分にできることを考えよう（小学校）

　次頁より上記4つの視点についての検討結果を示し，4視点9つの授業実践を提案する。

視点1　生活の科学的認識

（1）家庭科では，「生活を科学的に認識すること」をどのように位置づけてきたか

　生活を科学的に認識することは，家庭科という教科が成立して以来の大切な教育目標である。すでに大正期～昭和初期の女子教育の家事科において，生活を科学的に認識することの重要性が論じられていた。

　当時，特に米国ですすめられていた家政学研究の知見が・高等小学校や高等女学校の家事科の内容に影響を与えている。そこで強調されたのは生活の事象を科学的に理解し，説明することであった。たとえば，東京高等女学校教授の近藤耕蔵は，アメリカの家政学研究の視察を経て，生活における諸事象を科学的にとらえること，家政学研究の知見を市民の日常生活に活用することを提言し（近藤，1927，1928），実際に高等小学校の家事科の教科書を，より科学的に記述する努力を行った（原田，1988）。

　ただし当時の家事科においては，生活の事象を自然科学の視点から認識することが重視された一方で，社会科学の視点から認識することは顧慮されなかった。当時，女子教育としての家事科は，富国強兵をすすめ，銃後の守りとなるべき婦女子を育成する教育であり，社会科学についての問題を認識することは体制批判にもつながる危ういものだったのである。

　戦後の民主主義の時代においては，家庭科教育のカリキュラムは，CIE教育課のもとで科学的・合理的なアメリカの家政学の影響下で作成され（柴，2008），相変わらず自然科学を主流とする家政学の知見が重視されることになった。1900年代以降アメリカで進展していた家政学研究の成果を背景に，特に自然科学的な知見がわかりやすく示されたことや，戦前の家事科や裁縫科とは異なる'新しい家庭科'という教科の意義を理論的に明示する必要から，蓄積のある自然科学的内容をもって説明することが容易だったためと考えられる。

　その後ようやく1960年代以降には，日本家庭科教育学会を中心として多くの研究者や実践者が，家庭科において，生活を科学的にとらえるということの意味の検討を始めた。そのなかで，代表的な論考について概観してみたい[注1]。

　1960年代には，藤田美枝（1965）が家庭科内容の実践的研究において，家庭生活認識が思考の終着の姿であり，「日常的に実践されて生活が改善向上され，変革されていく理論と実践，知識と技能が統一的に身につくこと」（藤田，1965：13）を，家庭科教育のねらいとして，主体的な感性的認識のあとに理性的認識を位置づけ，その後に実践して生活を変えていくという構造を示した。ここでの理性的認識は科学的認識と同義であると考えられる。さらに藤田（1967）は，家庭生活認識の構造性と順次性から食生活指導のカリキュラムを構想し，その指導法の留意点として「科学の法則をきちんとおさえる。」「全体的総合的に問題をとらえる。と

くに相互関係的な理解の仕方になれること。」（藤田，1967：14）を挙げている。すなわち，生活上の事象を単なる偶然の事象としてとらえるのではなく，そこにある法則を理解し，科学的合理的にとらえることが，認識のあり方であり，これが生活を改善することにつながると考えたのである。藤田は学習内容を「家庭生活としごと（事象）」「しごと（社会科学）と科学（自然科学）」「しごとと目的（価値観）」（藤田，1965：13）としていることから，自然科学的な側面と社会科学的な側面の双方について認識を深めるように構想したといってよいだろう。

さらに，田結庄順子（1979a, b）は，労働力再生産の視点から家庭科を生活を科学的に認識する教科とし，「『国民的教養』として必須のものである」と論じている。生活が生産と消費の統一的把握により明らかになることから，生活を社会科学的な側面，自然科学的な側面から認識し，生産消費を中心として多面的，総合的に全体を把握することを重視しているのである。具体的には，生活資料の原理・原則を正しく理解し，そのために必要な生活史を明らかにする中で生活の諸原理を見出すことなど，現象の理解（自然科学的な認識）にとどまらず社会科学的側面の解明まで理解することをめざすものとしている。

このように，生活認識の重要性は家庭科教育で育てる力の中核として論じられてきている。その多くは，先述した藤田（1965）が示したように，生活を認識するということが，感性的認識から理性的認識（科学的認識）へという過程をたどり，この過程をたどることによって気づきから発見，理解，課題解決という実践へ導く道筋になると考えられている。実際に，宇高順子ら（1989）は食物領域の学習内容を構想する際に「『感性的認識から理性的認識へ』と順次性のある過程をたどるべきである」（宇高ら，1989：35）として，小学校・中学校・高校という発達段階に沿って認識の順次性を考慮した学習内容を提案している。これらは感性的な認識から自然科学的な認識へと促すステップを踏んだ学びとなっている。

さらに，家庭科教育の実践者も家庭科の学習においては生活を科学的にとらえることを重視していたことがわかる。例えば，長野県における男女共修家庭科の教科論を明らかにした鶴田敦子ら（2011）の研究によれば，1970年代に長野県の家庭科教員が，男女共修をめざして家庭科の教科論や学習内容を検討する中で自主編成した『生活科学教授資料』には，「生活科学とは生活に焦点を当て，自然科学や社会科学の法則に則り，現実の生活ある様々な矛盾を克服しながらよりよい生活ができるような力を養う生活の科学である」（鶴田ら，2011：7）と示されていたということが明らかにされている。

（2）生活を科学的に認識するということ＝家庭科教育の目標

ここまで見てきたように，生活を科学的に認識するということは，生活上のさまざまな事象について，事象の中にある法則を見出し，科学的・合理的にとらえるような力を身につけることである。この認識の方法においては，生活の事象を断片的にとらえるのではなく，全体的，相対的に考えることが重要である。さらに感性的認識から発展したとされる生活への理性的認

識は，生活上の事象を科学的・合理的に説明可能なものとし，自然科学的側面と社会科学的側面から理解するということであり，実践に際して有用な生活上の知識になるものと考えられる。すなわち，家庭科教育が目指している主体的な生活者としての力量を備えるために，まず感性的に認識することが必要とされ，認識を深めた結果，最終的に身についた状態になるものが生活を科学的に認識する能力と考えられているのである。

（3）調査結果からみる生活を科学的に認識するということ

　そこで，今回の調査結果から生活の科学的認識がどの程度理解され身についているのかを見てみたい。

　高校生調査，社会人調査ともに，生活を科学的に認識することに関連のある質問項目をみたところ，大きく二つの内容があった。一つは「社会的事象のうち，ジェンダーに関わる問題，政治への関心を問う内容」である。もう一つは，「家庭科を学んで身についたことや家庭科という教科のあり方を問う項目」である。現代の高校生や，家庭科を学んだ社会人いずれも，これらの問いに対して「関心がある」「どちらかというと関心がある」と回答した者は50％を超え，社会的事象に真摯に向き合っている姿が示されたと考えられる。なかでもジェンダーへの問題には高校生が80〜90％，社会人が77〜90％と高い関心を示した。なお，高校生の政治や政策への関心（52.2％）は社会人のそれ（71.6％）に比べると若干低い値を示した。社会に生きるということは，自らの生活の事象と社会の事象の関連に気づき，政治のあり様が私たちの生活を左右するということを実感することなのだろう。この点を高校生がどのように学ぶのか，今後検討を要する課題であると考える。

　今回の調査では，生活の科学的認識に関しては，「家庭科を学んで身についたことや家庭科という教科のあり方を問う項目」に対する結果からも推察することができる。家庭科を学んで身についたこととして，高校生のうち72.5％（そう思う，どちらかというとそう思うあわせた割合，以下同様）は，少子高齢化や消費者問題など，今日の家庭生活に関わる社会問題について考えるようになったと回答している。さらに，社会人の67.0％が，家庭科という教科の説明として「家庭から社会へ目を向け，家庭や地域社会の在り方について学ぶ教科」を選び，家庭科で重視すべき項目として「家庭・地域社会の問題や課題の改善への取り組み」（79.5％）「生活を科学的にとらえる視点の習得」（71.2％）と回答している。いずれも「生活への認識を深め，科学的にとらえて社会の在り方にまで思考を広げる」という家庭科の目標をよく理解している結果だと言える。

（4）これからの家庭科教育の実践に求められる生活認識

　これらの結果からこれからの家庭科教育に必要とされることはどのように示されるだろうか。調査の結果からは高校生の政治への関心が社会人に比べて低いことがわかった。これまでの

実践や研究が示しているように，生活を認識することは，生活の事象を自然科学的な側面からとらえることにはつながりやすいが，社会科学的認識を深めることは容易ではないことがわかっている（河村，2013）。社会科学的認識を深めることは，感性的認識や自然科学的認識という段階から大きく離れた段階にあり，これらすべての認識段階を一連に一つの単元で学ぶことは難しいと考えられる。家庭科の実習や実験を伴う体験型の授業では，体験することそのものが楽しく，感性的認識を深めて生活上の課題に気づきやすいという特徴があり，社会科学的認識を育む内容を伴わなくとも十分に学習として成立することになる。このような体験そのものを楽しむことも大切にしながら，感性的認識にとどまらない社会科学的認識を促す段階の実践カリキュラムも求められる。

たとえば，高校生の政治への関心を高めるためには，社会の問題に生活者の視点から切り込む工夫，つまり，社会問題に生活という切り口から見つめる作業が有用ではないだろうか。また，日常生活において，かつてのように生活上の技能が必要とされない現代においては，感性的認識，理性的認識，から実践へという順次性のある学習が必ずしも効果的ではない場合があると考えられる。すなわち，体験が少ない現在の子どもたちには，感性的認識を学習の端緒とするのではなく，感性的認識を育むことそのものを目指す授業も必要とされるのではないだろうか。いずれにしても実践を生み出す教師が，目の前の子どもたちの実態にあわせてどのような生活認識のあり方がふさわしいのかを考え，生活を認識するということを意図的に家庭科教育の学習内容に位置づけることが今後の課題である。

（河村美穂）

注1）生活を科学的に認識することについてはこれまでの家庭科教育学研究では様々な論じ方があり，生活認識として総括的に論じている論もある。本稿では，先行研究の標記に従いながらも，生活の科学的認識が自然科学的な側面と社会科学的な側面の双方から成ると考え，この二つの科学的認識について論を進めることとする。

【参考・引用文献】

宇高順子，河本佳和子，1989，小・中・高等学校における食物領域の学習内容構想，日本家庭科教育学会誌，32（1），34-40

河村美穂，2013，家庭科における調理技能の教育，勁草書房

近藤耕蔵，1927，米国政府の家事奨励，家事及裁縫，1（1），81-83．

近藤耕蔵，1928，東西家事科の現在及将来，家事及裁縫，2（11），2-7

柴静子，2008，占領下の日本における家庭科教育の成立と展開（XXⅡ）：モード・ウイリアム損の日本日記から，広島大学大学院教育学研究科紀要，二部，57，345-354

田結庄順子，1979a，家庭科教育と家事労働（第1報），日本家庭科教育学会誌，22（1），8-14

田結庄順子，1979b，家庭科教育と家事労働（第2報），日本家庭科教育学会誌，22（2），96-101

鶴田敦子，1990，中学校の食生活領域の指導内容と方法の一考察（第2報）：食生活領域の指導内容の方向性，日本家庭科教育学会誌，33（3），31-35

鶴田敦子，伊藤葉子，片岡洋子，高野俊，宮下真理子，2011，男女共修家庭科の実現要因とその教科論：1970年代長野県の自主編成の教育課程と京都府との若干の比較，日本家庭科教育学会誌，54（1），3-11

原田一，1988，家事教育の科学化の歩み（1）：近藤耕蔵を中心として，日本家庭科教育学会誌，31（2），1-6．

藤田美枝，1965，家庭科教育内容の実践的研究（第2報）：家庭生活認識についての一つの立場から，日本家庭科教育学会誌，6，12-17

藤田美枝，1967，家庭科の教育内容についての研究（4）：立場・視点の違いと内容，日本家庭科教育学会誌，8，11-14

視点2　生活に関わる技能・技術の習得

　生活に関わる技能・技術の学習について，家庭科教育は長年の実践の歴史を有している。ここではあえて生活に関わる技能・技術と表記した。学習指導要領の家庭科には小学校で「技能」，中学校・高等学校において「技術」が用いられているものの明確に定義されてはいない。さらに技能と技術の定義については諸説があることから，本稿では両方を併記するという方法をとった。なお，家庭科教育においては「技能は主観的心理的個人的なるものであり，熟練によって獲得されるもの。技術はこれに関して客観的であるがゆえに組織的社会的なものであり，知識の形によって個人から個人へと伝承が可能」（武藤，1998：112）とする理解が一般的であることから，「技術は多くの人が再現できるように技能をより一般化したもの」ととらえ，本論では，ここに示した技能と技術の違いを表す場合には，技能と技術を区別して記述することとする。

（1）生活に関わる技能・技術の習得の家庭科教育における位置

　生活に関わる技能・技術そのものの習得は，戦後新しくなった家庭科教育では教科の目標としては位置づけられてこなかった。これは戦前の裁縫科において技能の習得が重視され，高等女学校での教育内容として疑問視されたこと，手のみの教育として批判されたことなどを受け，戦後の新しい家庭科が「家庭科は家事科と裁縫科の合科ではない。技能教科ではない。女子教育ではない」という三否定（山口，1972）をもとに構想されたことによる。つまり，戦後の新しい家庭科教育においては，技能教育と誤解されることを避けたかったため，あえて技能・技術の習得については論じないようにしてきたと考えられる。

　実際に1947年に発行された学習指導要領では，問題解決的な内容と学習方法が示され，たとえば蒸す調理の学習においても各家庭にある蒸し器の調査から始めるなどして蒸す調理に関する問題解決的な学習が，蒸すという調理技能そのものよりも重視されている。

　ところが，1958年以降の学習指導要領では，中学校の技術・家庭科の女子向き分野として家庭科が位置づけられ，高校では家庭一般を女子が必修することが望ましいとされ，その後1970年の学習指導要領において高校で女子のみ必修への道筋がつけられた。つまり，家庭に関わる内容は女子が学ぶべき内容として位置付けられ，これ以降1979年に発行された学習指導要領に示された学習内容を見る限り，被服の縫う技能についても，調理実習の題材についても基礎基本から順序良く身につけて，応用までできるようにするという技能習得を目指した内容・配列になった。表立っては技能・技術の習得については言及しないが，学習内容は技能・技術の習得を重視する内容・配列だったのである（河村，2013）。

　その後1989年に発行された学習指導要領よりのちは，小学校中学校高等学校ともに男女共修となったことや，授業時間の減少による時間的な制約も加わって，基礎から応用まで順序良く学ぶという学習内容の配列はなくなった。調理に関して言えば，調理技能の習得を目標としな

いとする教員が増加し（川嶋ら，2003，高崎ら，2009），被服に関する技能の習得も目標とはされにくい状況（鈴木，1989）となった。

（2）生活技術の学習と技能・技術

　日本家庭科教育学会においては，1960年代より家庭科教育の目標を論じるに際して，生活に関わる技能・技術の習得について，生活技術という概念を用いて検討を加えてきている。生活技術は，「人が人らしく生きる手段であり，生活様式を規定する基礎的・基本的なもの」（家庭科教育学会，1985）とされ，生産技術との違いから説明されている。さらに，日常の生活で必要とされる単純な生活技術については，ある程度家庭において伝承されているという調査結果を受け（米川ら，1985），条件や状況を判断する技術（状況や条件にあわせて総合的に判断する技術）こそが，学校の家庭科で教える内容であることが提案された（米川ら，1985）。

　さらに，ここで論じられた「状況や条件にあわせて総合的に判断する技術」と同様の生活技術を総合的にとらえる考え方は複数示されている。その中の一つとして，木村温美（1983）は，生活技術を（手の技術），（心的技能）・（社会的技能）という3つのタイプに分けて論じ，これらを総合的に適正に用いることが生活技術であるとしている（木村，1983）。なおこの時期，学会は，全国規模で行った子どもを対象とした「家庭生活のしかたについての調査」結果から，実生活の技術においても男女ともに基本的なものは身につけ，協力して生活の向上をはかろうとする方向に教育を進め，実践的に学ばせることを提案している。（日本家庭科教育学会，1985：154）

（3）生活に関わる技能・技術の習得と生活認識

　手を用いた生活に関わる技能の学習は，単純な技能の習得を目標とはできなかった・しなかったことから，総合的な生活技術としての側面から論じられることになった。さらに生活技術が家事労働の一部であることから労働力の再生産を行う家庭において科学的認識を深めるための学習であり，体験的な学びとして重要であると論じられた。前節で述べたように，生活認識からはじまる一連の家庭科の授業の端緒に，生活に関わる技能の学習が位置づけられ，感性的認識を育み，科学的認識まで導くような授業が指向されることになったのである。一方，調理実習のように食生活学習の総まとめとして実習を位置づけるということも行われた。

　すなわち，生活を科学的に営むという考えのもとでは，技能・技術の学習は，感性的認識，生活認識のための学習として位置付けられ，生活技術は技能・技術の習得というよりは，生活全般を総合的にとらえ，状況を判断して生活を営むために必要なものとされた。しかし，すでに述べたように，生活の感性的な認識から社会科学的な認識までに至る学習は容易ではなく，いくつもの段階を設定した学びや，複数の単元を通して多面的に生活を認識する学びが必要であると考えられる（河村，2013）。

　学会がまとめた『家庭科の21世紀プラン』（日本家庭科教育学会，1997）においては，技

能・技術の問題が領域ごとに論じられ，総合的で状況依存的な技能の習得の重要性が強調されている。さらに，技能の習得にとどまらない学習の広がりを示した実践例を提案している。

さらに，河村美穂（2010）は，初めての調理実習における小学生を対象として，友人が調理している場面を見ることによって自分の技能を振り返り，上手になりたいと意欲をもつ児童の様子をデータで明らかにし，家庭科という教科における調理技能に関する学びの教育的な意義をとらえなおした。これは，従来基礎基本から応用へと導かれた技能・技術の習得とは異なる，あらたな技能・技術に関する学習のあり方を示したものと考えられる。

では，実際に家庭科を学んだ社会人や，高校生は技能・技術の学びをどのように考えているのだろうか，調査結果から推察してみたい。

（4）学習者にとっての生活に関わる技能・技術の習得

今回の調査においては，家庭科を学んだ変化の一つとして高校生の92.0％（そう思う，どちらかといえばそう思うと回答した割合，以下同様），社会人の85.2％が「生活に関する基礎的な知識や技能が身についた」としている。家庭科を学んだ結果としてこれだけの人が知識や技能の習得が可能になったと意識しているということである。つまり，生活に関わる技能の習得が家庭科において重要な学習内容と考えられているのである。この傾向は2005年に実施された社会人調査においてもすでに認められていた。さらに高校生の92.6％は，家庭科を「手や体を使って技術を身につけたり，生活に役立つことを学んだり，他の教科とは違った生きた勉強ができる」教科と考えており，社会人の94.2％はこれからの家庭科で重視したらよいと思うものとして「衣食住の知識と技能の習得生活に関わる技能」を挙げている。すなわち，家庭科の授業を通して生活に関する技能・技術が習得できた，習得を期待すると考えていることがわかる。

また，家庭科をどのような教科と考えているのかというと，高校生の96.1％，社会人の91.4％が「料理や裁縫などの家事や身辺整理の仕方について学ぶ教科」と回答している。この回答だけからは，技能の習得こそが重要であるという偏った家庭科のイメージを想像してしまうが，同時に高校生の93.2％，社会人の87.8％が「家庭生活を中心とした人間の生活について総合的，実践的に学ぶ教科」と回答していることや，高校生の90.1％，社会人の73.2％が「将来，結婚したり子育てをしたりするための知識や技術を習得するための教科」と回答していることから，技能・技術の習得を実感できる大切な学びであると同時に，個別の技能・技術を総合的に用いた能力（広義の生活技術）も家庭科で学ぶべきことということが理解されていると考えてよいだろう。

（5）生活に関わる技能・技術と総合的実践力としての生活技術

今回の調査からは，先述したように学習者が生活に関わる技能・技術を習得したことが有用であったと感じていること，今後の家庭科にもこのような学習を期待していること，さらに総合的に，状況に応じて使うことができるようになることが重要であると考えていることがわかった。

家庭科で生活を認識するための端緒として，生活に関わる技能・技術について学習することは，実際には学習者に実感されにくく，技能・技術を習得して使えるようになった充実感・役立ち感が実感されやすいということが示唆されている（長沢，2003）。同時にそこにとどまらず，生活の中で状況にあわせて用いることのできる技能・技術も求められていることがわかった。これこそが家庭ではなく学校の家庭科という教科で行われるべき生活に関わる技能・技術の学習なのではないだろうか。

（6）これからの家庭科の実践に求められる技能・技術の習得

　すでに1985年の時点で生活技術を状況にあわせて活用できることの重要性が論じられていた。しかし，技能・技術を活用するためにはある程度の訓練も必要となる。技能・技術の学習においては，どの程度の訓練をするのか，状況に応じた活用ができるようにためにどのように学ぶのかという点が問題となる。個人の技能がなくとも生きていける世の中だからこそ，技能そのものを習得することを学習の目標としてはどうだろうか。ただし，訓練に偏る学習ではなく，様々な生活の状況を想定し，とくに個々の児童生徒が自分の生活の中での活用を考えながら，その子にとっての必然性のある技能の習得を目指すものとしたい。そのためには，これまでのように一斉に同一の教材を用いて技能を習得させるような方法だけではない学習形態も含めてより効果的な方法を検討する必要がある。たとえば，限られた時間数の中でも習得を目指す技能を段階的に示し，一つまたは複数の教材が段階的な技能になるように工夫し，個々の学習者が自分の能力や生活の実態にあわせて一つずつ階段をのぼるような到達点を設定するとどうだろうか。学習者によって到達点は異なるが，それぞれが確実に自分の生活に有用な技能を伸ばす学びになる。さらに教材は，環境に配慮した素材を使ったり，持続可能性を追究した方法を用いたりと社会的視点と結びつくようなものを選定するとどうだろう。このような工夫は，すでにこれまでの家庭科の授業実践で数多くの蓄積があり，これらに学びながら，これからの新しい技能・技術の学習を構想したい。　　　　（河村美穂）

【参考・引用文献】

川嶋かほる，小西史子，石井克枝，河村美穂，武田紀久子，武藤八恵子，2003，調理実習における学習目標に対する教師の意識，日本家庭科教育学会誌，46（3），216-225

河村美穂，2013，家庭科における調理技能の教育，勁草書房

木村温美，1983，発達段階における技術技能，日本家庭科教育学会第25回大会シンポジウムにおける提言

鈴木洋子，1989，これからの中学校家庭科における被服製作学習・調理実習について：家庭科担当教師の意識，日本家庭科教育学会誌，32（3），9-15

高崎禎子，齋藤美重子，河野公子，2012，調理実習の実態と家庭科担当教員の意識調査結果からみる課題，日本家庭科教育学会誌，55（3），172-182

長沢由喜子，2003，高等学校家庭科の調理実習にみる役立ち感，日本家庭科教育学会誌，46（2），126-135

日本家庭科教育学会，1985，現代の子どもたちは家庭生活で何ができるか，家政教育社

日本家庭科教育学会，1997，家庭科の21世紀プラン，家政教育社

武藤八恵子，1998，家庭科教育再考，家政教育社

山口寛子，1972，戦後の家庭科教育，大学家庭科教育研究会編『現代家庭科研究序説』，明治図書，28-29

米川五郎，久世妙子，中村よし子，中村喜美子，金沢扶巳代，太田聖美1985，児童・生徒における生活技術の実態と意識（第1報）生活技術の実態，日本家庭科教育学会誌，28（2），1-6

視点3　他者との協力，協働，共生

（1）家庭科の学びと自己と他者へのまなざし

　家庭科の学びの領域のなかで三つ目の柱として大切にしているのが，自己と向き合いどう自立するかということと，生活は1人では成り立たないので他者とどういう関係を築いていくかという自己と他者へのまなざしがある。これは，言い換えると「他者との協力，協働，共生」への学びである。家庭科は実技教科のイメージが強いかもしれないが，実は人間関係を形成するための教科の側面が根底にあることは見過ごされがちである。

　自己から人間関係の広がりをとらえると，個人から家族・地域・社会・グローバルとなり，他者との協力，協働，共生の捉え方も広がりをもって，わたしたちを取り囲んでいる。個人，家族，地域，社会の空間的な広がりのなかで，自己を中心とした家族関係から他者との人間関係へとつながる関係をどのように築いていくのかを学んでいる。このことは，基本的人権の尊重，個人の尊厳，自己肯定感といった人権意識の基本を範疇としている家庭科の学びが，男女共同参画社会，消費者市民社会，持続可能な社会の構築に最も期待されている所以である。

　実践研究において，「教師の働きかけ如何によっては，学習者が授業内容を自分に引き寄せ，自ら，現実の自分と家族とのかかわりを見つめようとする学びも可能であることが示された」（伊波，1999年）。また，「各発達段階における『家族・地域との関係性』に実態を踏まえた上での教材開発が必要であること，小・中・高校の学習が積み上げられていくことの重要性を教師が十分に認識することが大切」（鎌野ら，2010）としている。1985年の女子差別撤廃条約批准を受け，家庭科の男女必修が決定した頃の「子どもたちに，個としての生活だけでなく，年齢，性，生活行動の異なる複数の個からなる家族集団の，食べ方，着方，住い方の特徴，すなわち家庭において展開する生活過程のダイナミズム，『営み』の連続性について，われわれはもっと目を向けさせるべきであろう」（柳，1986）という指摘は，自己と他者へのまなざしの具体的な姿を示していた。家庭科の学びのスタイルは，自己と他者へのまなざしから自己理解・他者理解力をどう育み，どのように他者との協力・協働，共生を実現していくのかという人間関係形成にいたる特徴を示している。生活者としての実感が問われる教員側の姿勢を実践者たちは追及し続けてきたといえる。

　家庭科は，小学校で，家族の一員を意識する。中学校では，幼児や高齢者という異世代との関わりから，自立を中心に自己と他者を意識する。高等学校では，障がい者，ジェンダー，LGBT，外国人，さらにはSNSやICTまでが視野に入ってくる。生活の営みに対して意見が違うことの気づきから協力・協働を知ることになる。日々の当たり前の生活の営みとともに，自己から広がる他者との関わりを重ねて，人間関係を形成するというわかりやすさが家庭科の学びの特徴である。

（2）「多様な人々と協働しながら新たな価値を創造することができる人材の育成」が求められている

　第3期教育振興基本計画（2018～2022年度，文部科学省）では，個人の目指すべき姿として「自立した人間として，主体的に判断し，多様な人々と協働しながら新たな価値を創造する人材の育成」が掲げられている。「多様な人々と協働」は「他者との協力，協働，共生」をキーワードとする家庭科の学びの3つめの柱として，今まさに求められている身につけるべき力といえる。

　まず，家族の協力から様々な人々との協働へという学習指導要領の変遷に触れておきたい。

　家庭科という教科は，「昭和22年の新教育制度発足により，民主的な家庭建設ができるようにすることを目指した教科」として創設された（文部科学省，2002）。このいきさつから，家庭科には，「基本的人権の尊重」を前提とする「民主的な」家族関係を中心とした人間関係形成能力の育成が期待されてきた。

　小学校学習指導要領（試案，昭和22年）の第七学年の指導内容，単元（一）家庭生活の目標に

> （1）　幸福な家庭の建設に，自分がどんな役割りを持つべきかを理解する。
> （2）　家族のものと意見が違った場合どうして解決して行くか，又家族とおたがいに協力して美しい間柄を持ち続けるにはどうしたらよいかを学ぶ。
> （3）　このような努力が，わが国の家庭の向上に貢献することを理解する。

とあり，「（中略）討議の結果から，解決の根本として，家族がたがいにわかり合い認め合い，みんなが自分の責任を重んじながら，協力して行く態度の必要であること，それによって幸福な家庭が営まれることを知る」と，「2　指導の方法─生徒の活動」に記述されている。このように誕生の当初から「他者との協力」の力を育む学びが家庭科には盛り込まれていた。

　1958年以降の学習指導要領による学習内容の人間関係に関わる変遷を概観すると，小学校では，家庭，家庭生活，家族という領域がずっと継続されている。中学校では，保育の領域が当初から登場し，家庭生活や家族の領域は，1989年以降に登場する。高等学校では，家庭生活，家族に加え，乳幼児の保育，家庭経営，生活設計，福祉の領域が登場している。乳幼児，子ども，高齢者といった他者の存在や，近隣，地域などの人間関係の広がりについても学習内容の細目でみると確認できる。

　なぜ中学校で保育や子どもの成長が領域にあるのだろうか。それは「人と関わる力の発達」の原理・原則を子どもの遊びを通して学び，他者との関わりや人間関係の構築方法を振り返るからである。そして中学生になった自分の成長とそこに関わってきた多くの人々を確認し，「他者との協力，協働，共生」を身近な経験を具体的に思い出すことで実感することを大切にする。

　1999年版の高等学校普通教科「家庭」では，「少子高齢化等への対応」という改善の基本方針のもとで，保育・福祉，高齢者の生活と福祉が登場する。2009年版では，子どもや高齢者だ

けではなく,「障害のある人々など様々な人々が共に支え合って生きる」という「共生社会と福祉」「共生社会における家庭や地域」が学習内容となった。

2017年,2018年の改訂では,「協力・協働」の視点が登場した。中学校では「家族や地域の人々と協力・協働」,高等学校では「家族や地域社会の人々と協力・協働」とし,「様々な人々と協働し,よりよい社会の構築に向けて,男女が協力して主体的に家庭や地域の生活を創造する資質・能力」が目標として掲げられている。

(3)「他者との協力,協働,共生」への意識の変化

第Ⅰ部の結果にある通り,「家庭生活は男女が協力して営むものであると考えるようになった」という意識面での「家庭科を学んだことによる変化」は高校生,社会人とも顕著である。学会が10年前に行った調査（2007年）と比較すると,2017年調査では高校生は9割,社会人は6割が家庭生活に対して「協力」的な態度を身につけてきている。家庭科を男女必修で学んだ男性はパートナーシップ意識が高く,生活実践もよくしている相関が調査結果にも示されていた。

また,「子育ての意義と親の役割」への意識は,高校生は8割程度で変わらないが,社会人は10年前に行った調査や必修前との比較では「そう思う」は3倍以上に増加している。

さらに,2017年の高校生のみ調査では,「調理実習などグループ活動で協力して行うことができた」91.8%,「幼児やお年寄り,障がいのある人への理解が深まった」87.8%,「実習で力を合わせたり,調べ学習などで話したり,友達の意見を聞いたりすることができる」83.8%,「話し合いや発表活動で人の考えに耳を傾けたり,自分の考えを伝えられたりするようになった」80.2%,など多様な人が共に生きるという「共生」の意識や実践がより身近になる授業が展開されている姿が見て取れる。「家庭科で,参加型の実験実習,体験,問題解決学習,調べ学習などの授業で人とかかわりが持てるような教育的な環境作りに努めることは,社会参画意識の形成の支援に有効」(石島,2012)という研究結果もある。家庭科の学びのスタイルが「他者との協力,協働,共生」の力を自ずとエンパワーしている。このことは「多様な人々の協働する人材育成」を目標とする第3期教育振興基本計画への貢献が大きいことを示している。

社会人の自由記述からは,「家族や家庭生活,子どもなどについての理解を深められたことは,今になって活きている」という。「現代の家庭生活は協働になっているので,今の家庭科を学びたい」という女子のみ必修世代の声や「共働き子育て世代,要介護の人がいる世帯の生活などを実例を交えて教える」ことが要望されている。家庭科における「他者との協力,協働,共生」の柱が未来に向けても期待されていることがわかる。

(4)現実の生活実態から未来に向けた授業作りを

博報堂生活総合研究所の30年にわたる家族調査では「家族はプロジェクト」(2018年)という「自らの創意工夫で家族というプロジェクトを運営」する形になってきたと報告している。

こうした変化の中で，これからは，ひとりひとりが自立して他の人と関わりをもつことで生活が成り立つ社会になっていくとするなら，「他者との協力，協働，共生」の学びを柱とする家庭科の存在は大きい。なぜなら家庭科は，他者と協力しながら協働して自立することを目標とし，小学校から人と関わることが心地よく楽しく幸せな気持ちになる実践的・体験的な学習を積み重ね，「よりよく」を常に目指して「生活の創造」を求めているからである。しかも自分の生活の創造だけではなく，「地域生活の創造」も目標にあり，持続可能な地球環境での国際的な共生を踏まえた生活の創造まで視野に入れているところは特筆すべき教科の特性である。

　これからの家庭科に求められる「他者との協力，協働，共生」をキーワードとする学習内容は，18歳成人の社会の幕開けにとっても重要である。自分の意見を言ったり，議論したり，意見の言えない人の意見を代弁したり，多様な価値と共生していく生活課題解決の当事者になるのである。これまで以上に丁寧に時間をかけて「他者との協力，協働，共生」を意識したい。

　後に続く授業実践について少し触れておきたい。ライフステージと他者との関わりを住まい方を通して考えているのが，授業5である。これに対して授業7では，自分のこれからの人生において関わる他者を意識しながら未来につながる人間関係を疑似体験する授業が展開されている。両者ともに，人と関わることの楽しさを実感として体験してきたからこその未来へのシミュレーションが生きる家庭科の授業である。

　一方，近年，社会的孤立や無縁社会が問題となるなか，東日本大震災をきっかけに「絆」やつながりが見直された。授業6の「サバ飯（サバイバル飯）チャレンジ」は，災害の際の避難生活を想定して，被災者の声を参考に日常生活の課題に気付き，他者を理解し，他者とともに課題解決していく。そのプロセスは，「他者との協力，協働，共生」の学びを活用した家庭科の総合的な特徴を生かした展開となっている。

　いずれの実践も，これまで関わってきた他者とこれから関わる他者とどのような関係を築いてきたか，築いていくのか，人間関係の形成の部分に焦点があてられているので，それらに注目してほしい。「他者との協力，協働，共生」はAIの社会にも永遠のテーマであろう。

（赤塚朋子）

【参考文献】
柳昌子「家族の統合におよぼす協働の影響―『楽しい家庭』分析のために―」日本家庭科教育学会誌 第30巻第2号，pp.49-55，1986年
伊波富久美「家庭科教育における学習者の学び（第5報）―自己と家族との関係性を見つめ直す：個々の認知過程」日本家庭科教育学会誌 第42巻第2号，pp.9-15，1999年
文部科学省「我が国の教育経験について」国際教育協力懇談会第10回配付資料，2002年
日本家庭科教育学会家庭科教育問題研究委員会「高等学校家庭科男女必修の成果と課題」2007年
鎌野育代，古重奈央，真田知恵子，伊藤葉子「小・中・高・大学生の親・家族・地域・友人との関係性の発達」日本家庭科教育学会誌 第53巻第3号，pp.175-184，2010年
石島恵美子「高校生の社会参画意識と家庭科の教育要因との関連について」日本家庭科教育学会誌第55巻第2号，pp.75-82，2012年
博報堂生活総合研究所「家族30年変化」2018年

視点4　未来を見通した設計

(1) 人生100年時代への貢献

　「人生100年時代構想会議」（2018年）が首相官邸に創設されるなどの社会情勢のなか，「未来を見通した設計」は，家庭科という教科が小学校・中学校・高等学校という学校教育期間に一貫して位置づく意義を最も示す側面である。新学習指導要領による教科，家庭科の目標は，小学校が「生活をよりよくしようと工夫する資質・能力」，中学校が「よりよい生活の実現に向けて，生活を工夫し創造する資質・能力」，高等学校においては「様々な人々と協働し，よりよい社会の構築に向けて，男女が協力して主体的に家庭や地域の生活を創造する資質・能力」である。「生活の創造」は個人に寄与するだけではなく，「地域」を包含するとともに，「よりよい社会の構築に向」かう。どのような社会か，「持続可能な社会の構築」という人類の課題への解決が家庭科には期待されている。

　「未来を見通した設計」は家庭科の総合的な実践力が発揮される場面である。人生100年時代に貢献する学習内容を持つ家庭科の特徴を，調査結果では高校生，社会人ともに「生活を総合的に学ぶ教科ととらえていた。生活を総合的に学ぶとはどういうことだろうか。自分や家族，社会のこれまでと現在の状況を把握し，未来に向けて生活を創造するために必要なことを学ぶ。

　過去，現在，未来と連綿と続く生活の営みを丸ごと学びの対象としている家庭科は生活を総合的にとらえている。そのことが家庭科を学んだ高校生，社会人に理解されていることは重要なポイントである。未来を見通して生活を創造し，社会を構築していくために，家庭科が多様な社会問題や地域の問題を身近な事柄から考え，解決するという学びを大切にしている結果ととらえることができるからである。

(2)「将来や人生を考える」

　中央教育審議会答申（2016）は，「予測できない変化に受け身で対処するのではなく，主体的に向き合ってかかわり合い，その過程を通して，自らの可能性を発揮し，よりよい社会と幸福な人生の創り手となっていけるようにすることが重要」と述べている。こうした内容については，家庭科は生活の創造を目標としているため，意識して取り組んできたところである。

　調査結果でも「将来や人生を考える」という高校生や社会人が，2007年と比較して倍以上に増加（高校生4割→8割，社会人2割前後→4割以上）していることがわかる。

　また，「生活設計領域の学習は，他の内容と関わらせて学習したり，全体のまとめとして学習したりするなど，総合的な学習をすることが求められるようになった」。「今後，必要とされる社会の担い手を育むうえでもきわめて重要な貢献ができるものであることも明らかとなった」（佐藤ら，2012）と研究結果でも指摘している。こうした背景に，宮本（2002）が「ポス

ト青年期」と称した「青年期から成人期への移行の長期化による新しいステージの出現」がある。「①出生率の低下，②若年雇用問題の発生，③長期不登校，ひきこもり，無業者の増加などにみられる社会的自立の困難を抱える若者の増加」をいう。対策として政府は，子ども・若者育成支援推進法（2010年4月施行）や「子ども・若者ビジョン」を発足させ，子ども期から若者期までをとらえた。この時期は家庭科の学びの時期と一致することから，家庭科を学んで「将来や人生を考えるようになった」という結果は重要である。

生活設計教育のオピニオンリーダーによる12事例の授業分析により，「生活を主体的に自己実現に向かって創造していこうという能力」の育成に家庭科の学びが有効（志村ら，2005）という結果がある。このように「自立した個人としての自己を確立」（子ども・若者育成支援推進法）することへの教育内容が家庭科の授業で展開され，効果をあげている。

2022年4月1日に施行される18歳成人の民法改正がなされた。2018年改訂の学習指導要領では家庭総合の学習内容に「（1）生涯の生活設計」という項目が現行同様に位置づいている。

ア 次のような知識及び技能を身に付けること。
（ア）人の一生について，自己と他者，社会とのかかわりから様々な生き方があることを理解するとともに，自立した生活を営むために，生涯を見通して，生活課題に対応し意思決定をしていくことの重要性について理解を深めること。
（イ）生活の営みに必要な金銭，生活時間などの生活資源について理解し，情報の収集・整理が適切にできること。
イ 生涯を見通した自己の生活について主体的に考え，ライフスタイルと将来の家庭生活及び職業生活について考察するとともに，生活資源を活用して生活設計を工夫すること。

「自立した生活」「生涯」「職業生活」などの学習内容は，生活面での18歳成年に即応することは明らかである。しかし，この実現のためには「相応の充分な時間数を確保していくことも，教育カリキュラム上の重要な課題である」（佐藤ら，2012）。家庭総合の履修保障は不可欠である。

（3）「社会問題への関心」

「家庭科を学んだことによる変化」のなかで，「社会問題」のとらえ方では，高校生は2007年の65.3％から2017年の72.5％に増加している。「高齢者の生活と福祉」や「消費生活と資源・環境」などの少子高齢化や消費者問題についての学習内容の登場が高等学校で1999年からであり，小学校，中学校では「身近な消費生活と環境」の学習内容は2008年からであることが影響していると考えられる。

社会人の自由記述には，「社会生活の基本知識，例えば，金銭に関することを含む消費者教育を家庭科として学びたかった」，「家庭経済：人生設計における保険全般，持ち家の問題全般，税の問題，健康問題等々社会人になってからでなく，なる前に上記の問題などを学んでおきたかった」，「消費生活や社会福祉など生活をしていく上で直面する問題についてもっと深く学び

たかった」，「クレジットカードやローン，金利，為替など，消費生活やお金に関する知識を習得し，活用する時間をもっと増やしてもいいのではないか」などの声があがっている。

　これらの結果から，社会問題を自分の生活に関わらせて考えるためには，学習内容との関連が大きかったり，学ぶ機会が必要であることが示唆される。「実質的に有効な学習内容や機会を提供するための家庭科教育の課題」は「地域社会とかかわる学習，特に学校家庭クラブ活動の理念や意義，学習の位置づけを市民社会における主体的な生活者の育成を柱として検討し直す」，「教師自身の市民性，地域社会とのネットワークや活動経験が学習内容や効果に大きく関わってくることから，教員養成課程における市民性教育のあり方を検討」することが提案されている（福田，2009）。また，「思春期・青年期にあるすべての若者が社会へ出てそしてみずからの家庭を築く前に，原家族以外の価値観に触れることができ，男女平等について学ぶことが直接自分自身の生き方に関わってくることになるのだ，と理解を深めることができるのは，今日の社会状況からみて，学校教育以外にはなく，特に家庭科がその中心的な役割を担うことは明らかである」（大学女性協会，2014）という指摘がある。生き方にかかわる社会のあり方への参画，職業生活に向けてのキャリア教育との関連なども家庭科の学びがいかされる場面である。調査結果からも市民性にかかわる意識と家庭科の学びの関係が明らかになっている。

（4）家庭科の有用性

　家庭科を学習したことへの「家庭科履修の有用性」については，第Ⅰ部の社会人調査では，男性95.9％，女性94.4％と高い結果が出ている。また，8割以上の人が「人の一生と将来を見通した生活設計などの理解」に対して家庭科の学びは有益であると感じていた。

　高校生は，家庭科を学ぶと，「自分の生活を振り返ったり見直したりすることができる」87％，「自分の将来や人生のことなど普段あまり考えないことに目がむくようになる」82％，「生活の問題を見つけたり，それをどう解決するかを考えたりできる」81.6％と考えている。これらの内容は，「未来を見通した設計」とも関わって，家庭科がいかに課題解決学習に強いかがわかる。

　「家庭科の授業で学ぶことは将来役に立つとして家庭科の授業履修に肯定的であることが示された」（花形，2017）という結果もある。「家庭科肯定感」が高い生徒は「家庭科で学んだことは，将来役に立つことだと思う」という「家庭科将来有用感」も高い。しかし「中学生の自分たちに必要な科目であると認識し学ぶことが生徒たちの『生活の自立』を高め」ると指摘している。今の生活をよりよくし，未来を見通して将来にも役立つ学習内容ではありながら，今の自分の生活と結びつける教材を選ぶことが求められていることも事実である。生活を見直す力，プランニング力，エンパワーメント力と関係することから，生涯を見据えつつ「未来を見通した設計」の授業を児童・生徒とともにつくりあげ，継続することが要請される。

　持続可能な社会の構築が求められる家庭科は，「貧困解消，ジェンダーの平等，健康と福祉

の実現，気候変動への対策など，現代には多くの課題があり，SDGs，GAP等を通じて国際的にも取り組まれているが，これらと連携しながら，実生活に根ざした家庭科」（西原ら，2017）の出番である。

（5）これからの展開と授業実践

　社会人の自由記述からは，「将来のライフプランを学べてよかった」，「自分の日々の私生活について見直すことができたり，今後の将来について考えることができた」など家庭科を学んで良かったことがあげられている。その一方で，「人の一生と将来を見通した生活設計について学びたかった」，「将来設計については，家庭科でもっと積極的に扱ってもよい」，「人生の生活設計についても具体的に学んでみたかった」，「将来を見通した生活設計，ライフプランなどの内容の講義を受けてみたかった」という。社会人の生活の創造に関わる学びへの希求は大きい。このことは，毎日の生活の営みの中で，次々に生活課題に直面し，家庭科を「もっと学んでおけばよかった」とアンケートに回答することで，家庭科の学習内容を再認識したことになる。家庭科の学習内容の周知により，将来の生活に向けての不安の解消が図られ，よりよい生活の創造への意欲も高まるだろう。自分の生活のみならず地域や社会のよりよい生活の実現にも貢献することは自明であるから，家庭科の「未来を見通した設計」の柱はこれからの社会を考えることにつながる。

　授業8と9では，生活上のリスクと自立に向けた人生設計，現代の子どもを取り巻く環境とリスクマネジメントがテーマとなっている。予測が困難な時代に，よりよい社会と生活の創造に力を発揮する家庭科の学びが実感されるのではないだろうか。

（赤塚朋子）

【参考文献】

佐藤裕紀子，矢口美友紀「高等学校家庭科における生活設計領域の特徴と課題」茨城大学教育実践研究 31号，pp.131-138，2012年

宮本みち子『若者が〈社会的弱者〉に転落する』洋泉社，2002年

志村結美，佐藤文子「高等学校家庭科における生活設計教育」千葉大学教育学部研究紀要 第53巻，pp.131-137，2005年

福田恵子「家庭科教育における市民性の育成に関する課題と学習方略―社会的活動に関する能力認識の分析から―」日本家庭科教育学会誌第52巻第2号，pp.102-110，2009年

（一社）大学女性協会「ジェンダー平等の視点から家庭科教育を考える―アンケートからみる男女平等教育の現状と課題」JAUW委員会報告，p.33，2014年

「幼稚園，小学校，中学校，高等学校及び特別支援学校の学習指導要領等の改善及び必要な方策等について（答申）」（中央教育審議会，2016年

花形美緒「中学生期における『生活の自立』と『家庭内役割』を規定する要因―『家庭科肯定感』と『家庭科将来有用感』に着目して―」日本家庭科教育学会誌第59巻第4号 pp.206-217，2017年

西原直枝，井元りえ，妹尾理子，志村結美，佐藤裕紀子，大矢英世，加賀恵子，佐藤典子，楢府暢子「家庭科におけるESDの構成概念および学習内容の明確化」日本家庭科教育学会誌第60巻第2号，pp.76-86，2017年

新本編集2019.1.14　河村美穂

2　未来の生活をつくる力を育む家庭科授業の提案

授業1　より良い食品選択するには？
～牛乳等飲み比べから知る食品表示の読み解き～

対象校種・学年：中学校　第2学年
学習指導要領との対応：生鮮食品と加工食品　B（3）イ
題材のおすすめポイント：牛乳等試飲体験を通して食品表示を見て食品の違いを意識する。生徒自身が目的に応じて，主体的でより良い食品選択する力が身につけられる。

1　授業づくりにあたって

　「生鮮食品と加工食品」の学習のうち，賞味期限・消費期限については気にしているが，それ以外の「食品表示」にはあまり関心がない生徒が多い。そこで食品表示からわかる多くの情報を自分事として学習できる授業を作りたいと考えた。また，生徒は食に関して非常に興味があるが，日ごろ口にしている食材について十分に理解している生徒は少ない。牛乳を選んだ理由としては，身近な食品であり，最近は，多種多様な商品が出回っていて，生徒全員が給食で牛乳を飲んだ経験もあるからである。加工食品と生鮮食品の両方に関係の深い牛乳を扱うことで，食品についての科学的知識にも関心をもたせられる。そのため少ない家庭科の時間数の中でより良い「食」を考える学習とした。この授業では身近な食材である牛乳を使い，これから自分で食品を購入するときに，食品表示から食品選択に必要な情報を得ることができる力をつけることを目標とした。

2　授業構想

　生徒に行った食品の購入や牛乳についてのアンケートから，現在の中学生にとって食品の購入は，自分のために買うお菓子や飲み物に限られていることが多い。たまに，家族から頼まれて買う牛乳や野菜などは，それらの食品の選び方や種類についての知識がないまま購入していることが明らかになった。
　そこで「生鮮食品と加工食品」において，可能な限り実際に食品を食べたり飲んだりするなど「試飲・試食体験」し，食品の比較を行い食品への興味関心をもたせた。
　中学校第2学年の献立作成の授業で，生徒が作った献立は，2群（牛乳・乳製品・小魚・海藻）が足りなくなることが多くみられた。成長期の中学生にとって不足しがちな栄養素であるカルシウムを補える食品はないか。そこで牛乳に着目した。牛乳は，各家庭に常備してある食品の一つである。牛乳を購入しようと店に行くと，多種類の乳製品が並んでいる。どれが自分

の欲しい商品なのかわからない。身近な食品であっても，市場に出回る食品の様子が変化していて，私たちが知らないことが増えている。そこで，数種類の牛乳の飲み比べを行い，生徒同士で味の違いを話し合い，その違いが食品表示ではどのように表示されているか，表示を見て，食品選択の時の決め手になるような学習にしたいと考えた。通常の買い物では，全ての食品を実際に試飲・試食ができるとは限らないので，他の食品の選択の際には，食品表示を見ることができる力をつけたい。この「牛乳の飲み比べ」の授業で，生徒は味わいと食品表示を読み解き食品選択の仕方を学んだ。この授業を手がかりとして，他の食品についても食品表示から得られる情報を見て，本当に必要な食品を選択の仕方を身につけることで，それをこれからの生活でも実践できるようにしたいと考え，授業構想した。

3 授業計画

❶ 実施校・対象学年
横浜市立港南中学校・第2学年

❷ 実施時期
2017年11月～12月

❸ 学習目標
・食品表示の見方を理解し，食品表示から得られる情報を読解き，食品と表示のかかわりを理解する。　　　　　　　　　　　　　　　　　　　　　　　　　　　【知識・技能】
・食品表示などの様々な情報から，条件にあう食品は何かを思考し，判断し，適切な食品を選ぶ。　　　　　　　　　　　　　　　　　　　　　　　　　　　【思考・判断・表現】
・食材の美味しさを知り，その価格や食品表示などの学習を通して，牛乳以外の食品も必要に応じて選ぼうとする。　　　　　　　　　　　【主体的に学習に取り組む態度】

❹ 学習構成
　初めに生鮮食品と加工食品について学び，食品の購入や牛乳についてのアンケートを行って日頃飲んでいる牛乳の種類や量，選ぶ基準，食品表示を見る頻度に関する生徒の実態を調べた。
　次に「授業前アンケート調査」の結果を提示し，食品表示についての問題意識を持たせた。そのうえで牛乳試飲体験をし，ヒント集を参考にして食品表示を読み解く授業をした。この授業の最後に他の食品表示を読み解くヒントを示し，他の食品選択についても学ばせた。この授業を終えて1か月経った後に学習が定着したかどうかを見るためのアンケート調査を行った。

	学習活動	指導上の留意事項	評価規準※評価資料

ねらい

牛乳の試飲体験授業を通して，食品表示を読み解き，中学生に必要な栄養素を主に含む食品の栄養的価値やニーズに応じて食品の見分けやよりよい選択ができるようにすること

	学習活動	指導上の留意事項	評価規準※評価資料
一次（二時間）	・食品の選択と購入について，身近な食品の見分け方の説明を聞き，品質を見分け，ワークシートを記入する。 ・牛乳に関する授業前アンケートを記入する。	食品の選択 ・食品の品質等の見分け方（既習：生鮮食品と加工食品）のヒント集（1～4）を用意する。 ・食品の表示 ・牛乳に関する「授業前アンケート」を準備しておく。	身近な食品の品質を見分けることができる。【知識・技能】 ※ワークシート
二次（三時間）本時	牛乳試飲体験授業 ・授業前アンケート結果から自分の課題を明確にする。 ・飲用乳4種類を試飲し，味の違いや食品表示から読み解いたことを記入する。 ・ヒント4で他の食品（しょうゆ）の表示を読み解く。	・アンケートは授業前までに結果をまとめておく。 ・牛乳類は冷やしておく。 ・コップは，ガラスか透明のプラカップ。（紙コップは紙のにおいが試飲を邪魔し，色を比較しにくい。） ・アレルギーの生徒には豆乳で同様の条件に準備する。 ・他の食品でも，試飲・試食を行わなくても食品表示から情報を読み取る。	牛乳に含まれる栄養素の役割や量を理解し，自分の食生活に牛乳を取り入れようとする。【知識・技能】 試飲体験で成分等の違いに気づき，他食品選択に応用できるようになる。【思考・判断・表現】 ※ワークシート
三次（二時間）	・まとめと振り返り ・ワークシート記入 　情報を得て食品選択ができるようにする。 ・感想を書く	・実際に家庭で食品の表示を見て選択ができるようになったり，意識が高まったりしたかのアンケートを盛り込む。 ・次の授業で扱う食品の表示を読み取らせる。（しょうゆ，そうめん，等）	様々な食品を状況に応じて的確に選ぼうとする。【主体的に学習に取り組む態度】 ※ワークシート

4 授業風景

❶ 一生懸命取り組む生徒の様子

生徒は「食べること」が大好きである。試飲前は「親に成分無調整牛乳を買ってくるように言われるけど，何が違うの？」「どれも同じじゃない？」などと言っていた。ところが飲み比べを始めると「色が違うし，透明度も全く別物！」「わぁ。なにこれ！」に変わった。次に試飲した牛乳等の表示，ヒント1～3の3種類を手にする。このヒント集が試飲と食品表示を結び付けて，「この違いは，この表示でわかるのか…。」「これだったら，今度から表示を見れば確実に好きな味の牛乳が買えるね！」「親はこんなに違うことを知っているのかな？」など，驚いたり，活発な意見交換ができたりした。

図1　ヒント1

❷ 食品表示を読み解き，生活に必要な食品を選択できる力：科学的認識

牛乳以外の食品表示を，ヒント4で見比べ，試飲・試食せずに食品表示だけでその食品の値段や品質等がわかることを学ぶ。ここではしょうゆを例に挙げている。これも毎日欠かせない調味料であり，中学生にとってあまり比較することもない食品でもある。

まず，しょうゆの食品表示4点の値段の高いものを予想し，班で話し合う。次に学習した食品表示の知識を使ってその理由を食品表示を読み解いて発表する。最後は正解を聞き，牛乳の食品表示ではあまり見ることができなかった食品添加物についても学ぶことができる。

たとえば，本来多くのしょうゆの原料は「大豆，塩，麹」である。この中で大豆は「国産，輸入もの」，「丸大豆，大豆，脱脂大豆」の違いがある。さらにその他の材料を使って発酵時間や手間を省く場合もある。これらが値段に反映されることを知れば，値段の違いも納得できる。

また，国産か否かでは食料自給率を，脱脂大豆が油を搾った後のかすであることからは食品の製造過程を，知ることとなる。「商品を選ぶことは，物流や経済活動を左右する消費者に委ねられた投票活動」ともいえることを実感できる学習になる。つまり試食・試飲をしないでも食品表示を読み解くことで，生活に必要な食品を選択できる力を育てられる。

従って本題材では，科学的認識のうち五感を通した自然科学の視点と，消費者市民意識を育む社会的な視点の両者が育まれるのである。

5　授業の振り返り

❶　五感をはたらかせ，美味しさを感じる

　どの生徒も試飲・試食体験授業に楽しく参加することはできる。しかし，ワークシート記入に苦手意識を持っている生徒も多い。そこでワークシートには五感をはたらかせて気づいたことを記入するように指導する。実習のワークシートには「おいしい」「まずい」ではなく，具体的に表現することを学ばせたい。例えば聴覚では，口の中でボリボリ，シャキシャキといった音だけでなく，私たちがカップに注ぐ水の温度の高低を音で聞き分けられることを生徒に話した。初めは，そんな違いがあるとは思わない生徒がほとんどであるが，実際に水の温度を変えて注ぐ音を生徒に聞かせてみると，ほぼ100％の生徒が言い当てられ，生徒自身が驚いた。試飲授業を通して自分の感覚を研ぎ澄まし，その感じたことが「生活の科学的認識」に結び付くような授業にしたい。そして生徒には常に本物を伝えたいと考える。

　書くのが苦手な生徒でも，五感を使い表現することを覚えると，今までにない表現ができるようになり，自信もついた。さらに他のワークシートも詳細に書けるようになる傾向がある。こうした試食・試飲の感想は，調理実習での観察を鋭くする効果もみられた。

❷　試飲・試食体験授業の準備

　授業時間を短縮する工夫として，洗い物が出ないように紙コップを使ったことがある。ところが，生徒から「先生，グラスで試飲したかったです。」との声があった。それは「紙コップは口触りが悪く，紙の匂いがするし，色を比較しにくい」という理由であった。そこで，使い捨てプラスチック透明容器に替えてみた。

　食器にも食品の味わいに影響があること生徒たちは感じている。時間があれば，グラスや陶器などの食器を使って試飲させ，使い捨て容器を使わずにサスティナブル社会も意識させたい。

　牛乳等の準備は，学校の近くのスーパーで購入できることと，同じ企業の商品に偏らないことに配慮し，大体1クラス500ml程度試飲することを前提に用意した。乳脂肪の違いは濃淡で分かりやすく，殺菌温度の違いでは，独特の牛乳臭（殺菌時の焦げ臭）に関連していた。特に牛乳嫌いで牛乳臭さを指摘する生徒は低温殺菌の牛乳なら飲むことができた。

❸　試飲・試食体験授業の効果

　授業前，牛乳が好きな生徒は「牛乳をいろいろ飲めるのがうれしい。」牛乳が嫌いな生徒は「何を飲んでもすべて同じでしょ。」と言う反応だったが，実際には「家では飲み比べなど考えもしないから，面白くて良い授業だ」と概ね高評価であった。さらに，試飲した方が感想文の言葉の表現が豊かになった。「最近は牛乳をあまり飲まないが，成長のためにも飲める牛乳が見つかった。これからは飲もうと思う。」と前向きな意見も出て意識の変化が見られた。

6 授業の読み解き

❶ 食品の選択と購入への興味・関心をもたせるための工夫

　中学生は，食品の選択と購入についての経験が少ない。日ごろ口にする食品も，実際に自分で購入しないので，商品がどこでどう売られているのかもあまり知らない。食品と名前が一致しないこともある。子どものころからの食生活の中で，味覚は育み磨かれていく。最近は，便利な商品も出回っており，それらを取り入れることが増え，食生活が偏っていることも見受けられる。食品を選ぶという行動の前提として，知っていてほしい食材自体を食べたことがなかったり，食べていてもその食材を知らなかったりという課題がある。この授業は，実際に食品を試食や試飲することで，食品への新たな興味関心が生まれる。

❷ 学び合いとコミュニケーション力の育成

　身近な牛乳等の試飲の授業を通して，その牛乳についている食品表示を読み解き，その商品がどのように食品表示されているかを理解する。そして，より良い食品の条件は何かが理解できれば，牛乳以外の食品を選ぶ際にも，自分のニーズに合わせて食品を選択できるようになる。テレビやマスコミでの過剰な情報に影響されるだけでなく，人の意見や自分の目で見て味を感じて，正しい食品選択につながるようにしたい。そのためには，自分の五感を研ぎ澄ませ，本物を見極める力が大事である。自分が本物を見分けられるようになるには，本物に触れ，本物の味を知る必要がある。この授業では，少ない時間数を工夫して，毎時の最初に，試食や試飲を繰りかえし，食品を知る機会を増やしている。

　現代は，子どもが塾や習い事に行くなどで，家族がいても一人で食事をしたり，同じものを一緒に食べたり，人と食べ物を分け合ったりする経験も少なくなっている。他の人と食を共にする家庭科の調理実習は貴重な時間である。

　実際に食品を味わい，美味しさとは何かを感じ，それを，他の生徒と共有することにも意味がある。生徒同士が同じものを一緒に食べてみて，それぞれの意見を交換し，確かに美味しいと感じることを伝え合うなどのコミュニケーションをはかることに価値がある。

❸ 食品表示を読み解き，より良い食品選択をする。

　より良い食品を選択するには？　という課題を解決するために牛乳等の試飲体験を入れて，味を確かめ，その牛乳類がどう食品表示されているかを知り，必要なものを間違いなく購入する手立てとする。他の試食や試飲ができない食品も，表示を見て食品選択できるようになる。消費の観点からも，商品の値段や流通との関係も知らせたい。私たちのより良い消費行動がより良い食品を出回らせることになる可能性があるという意識をもたせたい。

（授業者：浅野和子／読み解き：葛川幸恵）

授業2　部屋にふさわしいカーテンを選ぼう

対象校種・学年：中学校・第２学年
学習指導要領との対応：B（6）住居の機能と安全な住まい方，B（4）衣服の材料，C（2）ア環境や社会に及ぼす影響
題材のおすすめポイント：方角や用途によって部屋を快適・安全にするための条件が異なることを実験などの体験活動を通して科学的に理解することができる。住生活と衣生活や消費生活・環境との関連だけでなく，理科の学習内容とも関連をはかり，教科横断的に学習を進めることができる。

1　授業づくりにあたって

　日本におけるカーテンの歴史は浅く，昭和48年の第一次オイルショックを境に，省エネへの関心が人々に広まり，家庭の必需品として定着していく。今日，カーテンは，その品質や機能とともにファッション性の高いインテリアファブリックスとして受け入れられている[1]。ほとんどの生徒の部屋にカーテンはあるものの，インテリアの一部としてとらえており，機能を考慮して選択している生徒は少ない。窓は壁に比べて４～10倍の熱が逃げ，室内の暑さ・寒さの大きな要因となる弱い部位[2]であることから，カーテンの機能性を理解した上で装飾性を求めることが快適で地球環境に優しい住まい方をする上で重要であることを科学的にとらえていくことができると考え，カーテンを題材にした。
　授業を通して，住空間と生活行為との関わりに関心をもち，科学的に住まいの安全性や快適さをとらえ，環境にも配慮した住生活の工夫ができる生徒を育てたい。このことは，様々な選択肢から，持続可能な社会の構築の視点をもって生活を送ろうとする態度を育てる上で意義深いと考えた。

2　授業構想

　授業構想にあたり次の三点を工夫した。第一に，生徒が自ら課題設定できるよう，教室の窓面をサーモカメラで観察する活動を設定し，カーテンの役割や機能に関心を高め，科学的にとらえる面白さを感じられるよう工夫した。第二に，学習方法の工夫である。部屋の特徴や，求められるカーテンの条件についての多様な情報の収集・整理を対話的で効率的に行えるよう，ジグソー学習を取り入れた。また，カーテンの丈や色，枚数による断熱性への影響，カーテンの素材と防炎性の関係を科学的に理解できるよう，実験を取り入れた。第三に，家庭実践につ

なぐ工夫である。住生活の学習では，実物を使用しづらい面があるため，実感をもてるよう，カーテン見本地を部屋の模型に取り付けられる教具を工夫した。さらに学習を実生活での実践につなげるために，環境に配慮して科学的な視点で，自分の部屋が快適であるかを部屋の方角や窓の位置から点検し，改善方法を考えるようにした。

3 授業計画

❶ 実施校・対象学年　福岡教育大学附属久留米中学校・第２学年

❷ 実施時期　2016年９～10月

❸ 学習目標
・部屋の用途や方角からカーテンに求める機能性とカーテン生地の特徴を理解することができる。
　　　　　　　　　　　　　　　　　　　　　　　　　　　　　　　　　　　【知識・技能】
・持続可能な社会の構築につながる省エネの視点から部屋の雰囲気に調和したカーテンを選択し，科学的な視点で自分の部屋の課題を見つけ，改善策を考えることができる。
　　　　　　　　　　　　　　　　　　　　　　　　　　　　　　　　　　　【思考・判断・表現】
・部屋を快適にすることに関心をもち，科学的に追究しようとしている。
　　　　　　　　　　　　　　　　　　　　　　　　　　　　　　　　【主体的に学習に取り組む態度】

❹ 学習構成
　本題材は８時間構成である。第一次では，カーテンの枚数と有無による窓の温度の違いからカーテンの機能性を追究していこうとする課題設定を行った。第二次では，方角，用途による部屋の特徴を調べ，箱実験や燃焼実験，シミュレーションを行った。第三次では，自分の部屋の方角，窓の位置と家具の置き方から，より快適にするための改善策を考えた。

学習活動	指導上の留意事項	評価規準

ねらい
カーテンの厚さや枚数，丈による機能性の効果の違いを科学的に追究する学習活動を通して，持続可能な社会の構築につながる省エネの視点からカーテンの役割に気づき，部屋の用途や方角からカーテンに求める機能性とカーテンの生地の特徴を理解した上で，部屋の雰囲気に調和したカーテンを選択し，自分の部屋の住まい方を工夫する力を育成する。

	学習活動	指導上の留意事項	評価規準
一次（１時間）	1　住居の機能を想起し，写真の部屋にふさわしいカーテンを考え，課題を設定する。	・教室の窓面を，サーモカメラで観察してカーテンの役割を科学的にとらえることができるようにする。	知：持続可能な視点でカーテンの役割を理解している。

二次（6時間）	2 方角，用途による部屋の特徴を考え，カーテンに求められる機能を調べる。	・部屋の特徴や，求められるカーテンの条件についての多様な情報の収集・整理をジグソー学習で行う。	技：部屋の用途や方角からカーテンに求められる機能に関する情報を適切に収集している。
	3 カーテンの丈，色，枚数による室内温度の違いを確かめる。	・保冷剤をエアコンに見立て，カーテンの付け方による室内の温度変化に気づくように箱実験を行う。	
	4 生地がポリエステルである理由を安全面から考える。	・繊維の燃焼実験から火災時にカーテンがどうなるか想起できるように促す。	知：部屋の用途や方角からカーテンに求められる機能性と生地の特徴を理解している。
	5 生活行為と住空間の関わりを考え，部屋のカーテンを選択する。	・カーテン見本地を模型の部屋に取りつけるシミュレーションを行う。	思：省エネの視点で部屋の雰囲気に調和したカーテンを選択している。
三次（1時間）	6 窓から自分の部屋を安全かつ快適にする工夫を考える。	・コールドドラフト現象の資料と，以前学習した地震による部屋の被害写真を準備する。	知：窓付近の室温の違いと地震時の危険性を理解している。 思：環境に配慮して科学的な視点で自分の部屋を工夫している。

4 授業風景

　第一次では，カーテンのない部屋の写真から，「この部屋にカーテンは必要か，不必要か」とその理由を考え，交流した。すると「外から見えない」「まぶしくないようにするため」「光を採り入れたい」のような機能性と，「好きな色で落ち着きたい」「おしゃれに見せたい」のような装飾性から理由を発表したが，省エネと結びつけた断熱の働きには気づいていなかった。サーモカメラによる観察からカーテンによる室温の違いを確認したことにより，カーテンのつけ方と省エネの関係に気づき，部屋を快適にするためにカーテンを選ぶ，という課題を設定することができた。

　第二次では，3LDKのマンションの間取り【資料1】を提示し，ジグソー学習を設定した。4人班で1人ずつ担当部屋を決め，ベース班で各部屋の方角と窓の位置や床材の種類から，部屋の特徴を考えた。「北側の部屋であるAとBは日が当たらないから暗くて寒い」「西側に窓があると，西日が入り夏は暑い」「Cは畳があり，西側に窓があるため，西日が差しこみ畳が傷む」のように，部屋の事実から考えられる影響を交流した【資料2】。次にエキスパート班で，部屋の特徴にふさわしいカーテンの条件について，インターネットで調べた。その後ベース班に戻り，全ての部屋にふさわしいカーテンの機能性を交流した。さらに，カーテンの枚数や厚さ，色，丈の違いで，室内の気温にどのような影響が出るか箱実験で確かめた【資料3】。実験結果を考察し，科学的であるか実証性・客観性・再現性を全体で吟味し，断熱性を高めるため，①カーテン丈を長くする，②カーテンを2枚つける，③暗い色にする，④カーテンを厚く

【資料1】提示した部屋

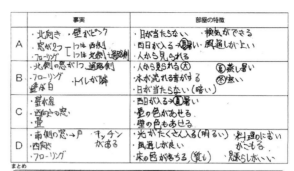

【資料2】部屋の特徴を整理したプリント

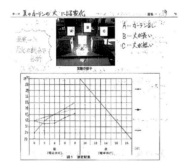

【資料3】箱実験の結果（夏を想定・カーテン丈の比較）

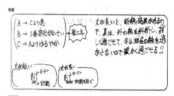

【資料4】実験結果から整理した考察

することがわかった。また，季節や時間に応じ，カーテンによって室内に取り入れる日差しを調整することが省エネになることに気づいていた【資料4】。次に，20種類の市販カーテン（品質表示，取り扱い絵表示を含む）を渡し，共通点を尋ね，「なぜポリエステルが多く使用されているのだろう」と問題提起した。繊維の燃焼実験（綿，毛，レーヨン，ポリエステル，アクリル）を行い，天然繊維と化学繊維，再生繊維の燃え方の違いから，ポリエステル使用の理由に気づくことができた。

　さらに部屋の模型に，先述の20種類のカーテンをつけた【資料5】。実物を操作することで壁・床の色とのコーディネートを工夫したり，外からどう見られるかを意識したり，その部屋の用途に応じた雰囲気を演出したりする必要性に気づくことができていた。カーテンに求める条件を一般化できるように，①和室，②寝室，③台所，④居間，⑤通路側，⑥西向き，⑦北向き，⑧南向きで気をつけたことを整理した。すると，○通路側は通行人から見られる可能性が高いため，その部屋を使う人の趣味が伝わりにくくする工夫をした方がいい，○通路側の窓のカーテンは開けないものとして採光できつつ透けないカーテンにしたりする必要がある，○居間は家族が集まる場所なので，楽しく，明るい雰囲気にする，○カーテンの丈を長くする方が断熱性は高まるが，部屋の雰囲気に大きく影響するので工夫が必要である，○南向きの部屋は夏，風も入るので，外から見られずに風を入れるためレースと厚手の2種を取り付けて機能性

を高めるとよい，○特に北向きの部屋は日が入らず，暗く寒いのでカーテンを暖色系にして心理面の効果をカーテンに求めた方がいい等，具体的かつ詳細に考えていた。「部屋の向きや用途を考え，特徴に合ったカーテンを選択することが必要であることがわかった」「カーテンの機能面を考えることも大切だが，心理面も考えていきたい」との発言もあった。

【資料5】模型にカーテンをつける

　第三次では，自分の部屋を，安全かつ快適に改善できるよう，自分の部屋を大まかな平面図に描き，窓の位置から見直す活動を設定した。住生活の学習内容を合わせて実生活に活かす時間とし，以前学習した地震対策としてのベッドや本棚の位置と窓の関係の資料や，冬場のコールドドラフト現象の資料を渡し，インターネットによる調べ学習でレポート作成に取り組んだ。

5　授業の振り返り

❶　授業の成果

　箱模型実験や繊維の燃焼実験による検証で，カーテンが省エネに関係することや，繊維によるカーテンの性能の違いを，約80％の生徒が科学的に認識することができていた。カーテン選択の場面では，防犯の視点に気づかせるため，「外からも窓を見てみると，分かることがあるよ」と声をかけていった。室内ばかりを意識していた生徒は，そこで模型を外から俯瞰し，「この部屋，通路側にあるからカーテン丸見えだよ。危ないよ」，「他のカーテン，表は柄がついているけど，裏側はシルバーで柄が透けないようになってない？」「これって，遮熱だけが目的じゃないんだ」のようにカーテンの防犯効果に気づくことができていた。「自分の部屋のカーテンってどうなっているっけ」と実生活に戻して考えようとする姿が見られた。

❷　課題

　最終的に約65％の生徒が，自分の部屋をより快適かつ安全にするために，カーテンの付け方を改善するか，ベッドや本棚の位置を変える方法を考えることができていた。しかし，約35％の生徒は，方角や窓の位置から自分の部屋の特徴を理解することはできていたものの，現在のままでよいと答えていた。改善策を考える活動の前に，体感温度や明るさ，エアコンの効き具合のように，科学的な観点を提示した上で自分の部屋の快適さを評価しておくと，部屋を改善したいという課題をもつことができたと考えられる。

【引用文献】
1）日本インテリアファブリックス協会編（2010）「改訂　ウインドートリートメント」，11頁
2）日本建築学会編（2011）「設計のための建築環境学」彰国社，50頁

6 授業の読み解き

❶ カーテンからひろがる生活の探究

　本実践は，窓とカーテンに焦点を当て，住居の基本的な機能，安全や快適さを考えた室内環境の整え方，環境に配慮した住まい方について，科学的認識にもとづく探究ができるよう工夫されている。一般的に住生活の学習は，自分の生活課題を発見できても住居の取り替えや改修は容易でないため，実生活での改善の意欲をもたせにくい。その中でカーテンを教材化した良さは，第一にカーテンが，建物開口部の室内側に取り付けられ，外光の調節や断熱，防音など建物と同様の機能性と同時にデザインや心理的影響など装飾性を有するため，住居の機能を多面的に考えやすい点である。第二に，主な素材は布であり，衣服の選択や材料に応じた手入れなど衣生活の学習と関連づけた取扱いができる点である。第三に，着脱が容易で，多種多様な製品があり，住み手の選択の裁量や購入機会も一定程度あるため，生徒自身による実践の見通しがもてる点である。

　本実践は，住生活の内容に衣生活と環境への配慮を関連付けて構成されており，発展してカーテンの購入計画など消費生活の学習と関わらせた扱いも可能であろう。このように焦点化された教材を多面的・多角的にとらえて探究できることは家庭科の醍醐味である。

❷ 科学的認識にもとづき生活環境の快適さを主体的に創ろうとする実践的態度を育む授業

　学習場面に沿って本実践の価値をみていきたい。第一次で，見慣れた教室の窓やカーテンの機能性を可視化したことで，生徒は，カーテンの選択や取り付けという生活行動と，省エネや快適さの関わりに気づいていた。このことは，自分でもよりよいカーテンを選択しようとする課題設定に効果的に働いていた。第二次では，対話的活動や箱模型を用いた実験，カーテン素材の燃焼実験により，住まいの各部屋の用途や方角を考え，カーテンの機能性と生地の特徴を理解できていた。本実践は，生徒の実態をふまえ，環境への配慮と関連付けた自然科学的な認識を得ることに重点をおいた手立てが工夫されている。加えて，実物の模型の用意や教師の支援により，外部の視線など通路側の窓の特徴と住む人の関係など防犯や災害時の安全面，色彩などの心理面にも気付けていた。カーテンの機能性と装飾性から働きかけがなされたことで，部屋に調和したカーテンを選ぶ場面で，生徒は，断熱性と部屋の雰囲気や安全について工夫する必要性を具体的かつ明確な理由で指摘できていた。さらに第三次で自分の部屋の快適さを窓の位置から考える活動において，生徒は具体的イメージをもって工夫を記述できており，題材を通して科学的根拠に基づく良質な探究がなされたことが伺える。

　本実践に続き，家族の安全を考えた住空間全体に目を向けたり，持続可能な社会の実現の視点から住生活をとらえたりして，社会的認識を深めていくことも期待される。

（授業者：樋口里子／読み解き：貴志倫子）

授業3 子どもの日を祝う調理実習を演出しよう

対象校種・学年：高等学校　第2学年
学習指導要領との対応：家庭基礎　B　衣食住の生活の自立と設計
題材のおすすめポイント：年中行事の一つである「子どもの日」を想定した調理実習であり、生活文化の継承を視野に入れながら、日常食の基礎調理技術の習得及び形式にとらわれない配膳や供食の工夫をし、総合的な調理の学びが実践できる内容である。

1　授業づくりにあたって

　この授業は、自立した生活を営むため、日常食の基礎調理技術を習得できることを視野に入れながら行事食を考える調理実習の学びである。新学習指導要領「家庭基礎」の内容では、「日本と世界の食に関わる文化についても触れること。その際、日本の伝統的な和食を取り上げ、生活文化の伝承・創造の重要性に気づくことができるよう留意すること」と述べられており、その内容を反映した授業実践となっている。また、調理実習の題材については、「高校生の食生活の自立につながる日常食を中心とし、様式や調理法、食品が重ならないようにするとともに、生徒や学校の実態に応じて調理の技能の定着を図り、日常生活における実践への意欲を高めるように配慮して設定する」こととあり、そうした新たな「家庭基礎」に沿った授業になるよう工夫されている。行事食を題材にすることは、一見日常食と捉えにくいであろうが、生活文化の伝承を意図しつつ日常食でも活用できる献立になるよう工夫をし、さらに食事設計から供食までの総合的調理の学びが実現できる。

2　授業構想

　家庭基礎における「B（1）食生活と健康」では、基礎的・基本的な知識と技能を実験・実習を中心とした学習活動を通して身に付ける」ことに加えて、「食文化の継承を考慮した献立作成や調理計画ができる」ことも重要視されている。そこで、和食のなかでも日常食として利用価値のある「すし」に着目し、日常献立だけでなく、弁当やおもてなし料理にも幅広く応用できる「巻きずし」を取り入れることとした。まず主食の「花ずし」は、細巻きを5種類巻いたうえに最後に太巻きのように巻き上げる工程になっている。また、「子どもの日」の和菓子として、「桜餅」や「柏餅」を取り入れることとした。世界の調理法にも着目させるため、「中華風チャーシュー」や「洋風ホタテチャウダー」を取り入れたが、これらも日常食の基礎技術を向上し、さまざまな料理に応用でき得る献立となっている。

3 授業計画

❶ 実施校・対象学年
私立東京農業大学第一高等学校・第2学年

❷ 実施時期
2018年1月～2月

❸ 学習目標
・和食文化を生かした食材や調理法を学び、日常から応用まで幅広い用途に利用できる巻きずしや和菓子（桜餅、柏餅）の調理技術を習得する。　　　　　　　　　【知識・技能】
・和食以外の料理として豚の塊（かたまり）肉の下処理とオーブンを使った中華風の加熱調理，アメリカ風スープのチャウダーのつくり方を習得する。　　　　　　【知識・技能】
・調理の目的（広義）でもある「食事設計から供食にいたる一連の調理過程」として、料理が完成した後のテーブル演出や供食までを創意工夫できる能力を育む。　【思考・判断・表現】
・日本の文化について関心をもち、自分や自分の家族が文化についてどのような関わり方をするのかを考え、分析する。　　　　　　　　　　　　　　　　　【思考・判断・表現】
・調理活動及び行事演出における主体的で発展的な計画と実践に取り組もうとしている。
　　　　　　　　　　　　　　　　　　　　　　　　　　　　【主体的に学習に取り組む態度】

❹ 学習構成
　本単元では、これまでに学習した生活の自立と衣食住のまとめと位置づけた授業構成となっている。調理計画は、講義を含めて4時間、調理実習2時間計6時間とし、1、2学期に取り組んだ基本献立（和食、中華、洋風）の実習計画に膨らみを持たせ、各グループが創意工夫を凝らした演出ができる時間を設けている。特徴的なことは、和食献立を1学期に実践（鰤の照焼き、だし巻き卵、きゅうりとわかめの酢の物、豆腐とわかめのすまし汁）したが、さらに和食文化として「すし」を扱った献立を取り入れたこと。「子どもの日」のお楽しみとして、和菓子文化のデザートを取り入れたこと。但し、「桜餅」か「柏餅」は上巳の節句か端午の節句のどちらを設定するかによって選択制としたが、これには、小麦粉アレルギー保持者への配慮も考慮している。また、調理法のバリエーションを考え、まだ実践していない肉料理（チャーシュー）と、洋風スープ（ホタテチャウダー）を合わせて和洋折衷献立にしたこと。さらに、調理実習のまとめとして、配膳やテーブル演出、供食までを考えた実習となるよう工夫したことである。全国的にも中食増加傾向にあり、「すし」や「和菓子」を購入する人々が増加する中、これらを手づくりすることに対する抵抗をなくし、気軽に家庭での実践へとつなげられる期待が持てる。

	学習活動	指導上の留意事項	評価規準
ねらい 日本の伝統的な行事や行事食，生活文化の伝承について考えさせると共に，調理における基礎技術の応用や実生活に役立つ調理法，さらには配膳や供食の方法を工夫する。			
一次（1時間）	日本の伝統行事や地域社会で工夫されてきた例を紹介し，日本文化の特色を考える。 行事食の調理実習に向け，これまでに習得した基礎調理技術やこれから学ぶ調理技術，料理形式ごとの配膳や供食の基本を学ぶ。	年中行事や通過儀礼が行われてきた日本の背景について触れる。 これまでの和食，中華献立での基礎調理内容を振り返らせる。また，本実習の調理目的や料理ごとの配膳形式の特徴，供食の方法論を説明する。	【知識・技能】
二次（3時間）	調理実習献立内容を理解し，役割分担と調理工程決め，配膳や供食までの演出計画をグループワークで行う。 「すし」や「和菓子」の調理技術を習得し，実生活へ応用できる可能性を話し合う。 配膳や供食方法をグループ毎に話し合い。演出準備をする。	「花ずし，中華風チャーシュー，ホタテチャウダー，桜餅又は柏餅」献立を説明し，調理技術，食品の安全・衛生面についても配慮させる。 「すし」の基礎から応用までを紹介し，家庭内で実践しやすい情報を伝える。 日常生活に取り入れやすい配膳，供食方法等を工夫させる。	【知識・技能】 【思考・判断・表現】
三次（2時間）	調理実習当日 調理技術のポイントを把握し，実践を行う。 肉の衛生的な扱い方にも注意し，他の食品に飛び散らないようバットを分ける。 調理を完成させる時間と配膳，テーブル演出の時間も意識しながら全体の完成を目指す。	当日の諸注意説明（約10分） すし飯，ご飯の載せ方，巻きすのコツ，かんぴょうの煮詰め方，和菓子生地づくり，肉の衛生的な扱い，チャウダーのホワイトルーなど，調理ポイントを提示する。 調理開始～完成（約70分） 肉のオーブン時間を考慮して声かけ支援を行いながら巡視する。配膳時間は余裕を持たせる。	【知識・技能】 【思考・判断・表現】

4 授業風景

❶ 調理実習計画と共に,「子どもの日」の演出準備

　調理実習当日に向け,調理工程の確認や調理時間の計画を立てるとともに,「子どもの日」の行事を演出するための準備品を製作した。端午の節句をイメージした「柏餅」,「兜」や「花菖蒲」をモチーフに,羊毛フエルトでのコースター,毛糸や和柄布,フエルトを使った「手作り雛人形」など,各班が「子どもの日」の子どものために,工夫を凝らした作品を仕上げた。

グループで演出の計画及び準備中

子ども向けイラストの羊毛フエルトコースター

毛糸と和柄布を使ってハンドメイドの雛人形

桜のモチーフで切り絵のランチョンマット

❷ 調理実習当日の技能・技術力習得と演出量の総合実践

　実習当日はまず,食品衛生に対する指導として,生肉の扱い方や他の食材への混入禁止,まな板の使用禁止等を徹底させた。次に,調理ポイントとして,「巻きす」の扱い,かんぴょうの煮方,桜餅や柏餅の生地づくり,ホタテチャウダーの小麦粉とバター,牛乳のスープ濃度等を説明した。特に,「桜餅」の生地の硬さはイメージしづらいとのことで,事前に教員が見本を示しておくなどの配慮をした。

　実際の作業風景では,すし飯の手際がよかったものの,海苔に載せるご飯の量や置き方,巻き方に奮闘したが,「花ずし」は10本の細巻きを作るため,少しずつ手つきも慣れ,上手に巻く力が付いた。また,見本を示していたため安心して和菓子づくりを行っていた。「チャーシュー」は,塊肉を初めて扱う生徒が多く,フォークで穴を数か所空け,「甜面醤(てんめんじゃん)」や「豆板醤(とうばんじゃん)」を調合してタレを作る様子は,未知なる体験であったようだ。「チャーシュー」を担当した生徒は,責任を持ってオーブンを確認し,何度もタレを塗り直しながら,焼き上げた。

　このように,手づくりをするのに難易度の高そうな献立でも,知識と経験値を高めることで調理の技能・技術向上を果たし,配膳や供食も取り入れた献立を日常生活で十分に実践できる能力を育むことができた。

巻きすにすし飯を均一にのせる

関東風桜餅の薄皮を伸ばして返す瞬間技！

熱々の香ばしいチャーシューの完成

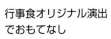
行事食オリジナル演出でおもてなし

陶芸にも挑戦！和皿も和菓子も全てハンドメイド

第Ⅱ部　家庭科で育む資質・能力と授業実践

5　授業の振り返り

❶　実習の記録から読み取れる調理の技能・技術における学習効果

調理実習後の取組みとして，調理実習記録シートを提出させた。その内容の一部を紹介する。

生徒A	海苔巻きに慣れていなかったため，巻くのに時間がかかってしまったが，切って柄がきれいに出たので，見た目という点で上手くいったと思う。演出は人形に合わせて「和」の柔軟な性格及び雰囲気を醸し出すことができ，調理にプラスして明るさや華やかさを演出できた。
生徒B	私は調理実習の度に失敗ばかりしています。今日も小麦粉を入れすぎたり，塩を入れすぎたりしましたが，桜餅の皮を焼くのが少し上手く行きました。家でまたリベンジしたいです。
生徒C	今回学んだ演出の方法は，これからの生活に役立てたい。季節に合わせて変化させることで，いつもの食事も明るく，季節を楽しめると思った。

　生徒の多くは，当日の作業での苦労を具体的に書きながら，調理全体を演出することの意義，「子どもの日」という日本の年中行事の意味を改めて知り，実習を通して実生活に取り入れたいとの感想が多かった。また，調理とは，料理を作り上げるだけでなく，配膳や供食までも含め総合的に仕上げることの意味をしっかりと理解できたようだ。

　このように，実習を通じて調理の技能・技術における学習効果が明確に表れ，実生活に気軽に応用できる能力が備わった。

❷　一年間のまとめシートで振り返る

　本単元の授業を終え，家庭基礎の一年間の学びを「まとめシート」のプリントで記入をしてもらった。その際，一年間の「B（1）食生活と健康」における授業の振り返りも書かれており，栄養関連の知識を和風，中華，洋風献立の調理実習を通じて生かし，食品の安全や衛生，保存における知識を含めた総まとめとしての本実習であることを，生徒自身もしっかりと受け止め，実生活で取り入れたいとの感想が書かれていた。本実習で言えば，「巻きずし」の手わざのコツ，桜餅の生地と色（食紅）の調合，柏餅の軟らかさの加減，チャーシューのオーブンでの焼き具合の調整，チャウダーの濃度として牛乳を少しずつ合わせる難しさなどが大いに実生活に役立てられそうだと記入していた。また，行事への理解として，春には桜葉を，秋には紅葉をあしらうなどの日本の四季を取り入れた生活の工夫も，生活を彩る効果があるのだと分かった。やはり技能・技術の習得には，活字で確認すること以上に実践を踏まえて達成することが大切であり，家庭科の教科としての特色が生かされているようであった。このような家庭科の学びが，卒業後にも自分のための将来設計をしていくうえで良い機会となる学習であった。

6 授業の読み解き

❶ 生活文化の継承と創造に寄与できる学習内容

新学習指導要領（2018高校）では，家庭科の見方・考え方の一つに「生活文化の継承と創造」があげられ，より一層の発展が求められている。本授業は，「寿司」「和菓子」といった日本の伝統的な食文化を取り入れ，また，「子どもの日」といった行事との関連も図った実践となっている。さらには，中国料理，西洋料理に関連する調理実習を取り入れることにより，日本の食文化の特徴を捉えることができ，日本以外の食生活を中心とした生活文化にも視点を広げることができるように配慮されている。これらの調理実習を通して和食や行事食を身近に捉え，手作りをすることへの精神的・技術的ハードルを下げることにも有効であると考えられる。

❷ 日常的な基礎技術・技能の獲得を生かした発展的な学習

本実践では，日常食の基礎技術・技能の獲得に関して，基礎技術を習得しつつ更なる技術を向上させることがねらいとしてあげられている。基礎的技能・技術より発展的ではあるが，その他の技能・技術にも発展的に活用できる内容が取り上げられ，生徒による今後の工夫を期待することができる。

具体例としては，まず，「巻きずし」における「巻きす」の活用があげられる。「寿司」料理の中で，日常生活で活用しやすい調理器具としての扱いに慣れるよう工夫されている。二つ目は，和菓子における上新粉や白玉粉などの米粉の扱いである。和食には，米由来の粉を材料とする料理が非常に多い。小麦粉との扱いの違いを実際に材料に触れながら体験知を増やすことで，多くの料理に発展できる技術を習得することができると期待している。三つ目には，「チャーシュー」における中国料理の調味料，「チャウダー」における西洋料理のホワイトソース等の料理方法の習得である。

❸ 計画から演出までの総合的な調理実習運営

食生活には，食を供する人とともに食を楽しむことが大切である。このことが，食文化の創造，そして継承につながっていく。本実践では，調理実習の一連の流れの中に，調理完成後の配膳やテーブル演出を取り入れ，各班で工夫を凝らした取組みを取り入れている。各班で異なるおもてなしを演出することにより，生徒自らがレシピプリントを事前に読み，タイムスケジュール表を作成して，メンバー同士の動きを詳細に把握しながら主体的に意欲的に実習に参加できるように工夫されている。また，おもてなしをとりいれることにより，行事や文化を大切にした食生活の楽しさ，食を楽しむことを実感することにもつながっていくと考えられる。

（授業者：手塚貴子／読み解き：志村結美）

授業4 アイロンを極めよう

対象校種・学年：中学校　第2学年
学習指導要領との対応：B（4）衣服の選択と手入れ
題材のおすすめポイント：ワイシャツへのアイロンかけ実習授業である。単にアイロンのかけ方だけを学ばせるのではなく，布の構造，布や繊維の性質，衣服の構成など衣生活の基本的内容を総合的に理解させ，生活で生かしていける力をつけることをねらいとしている。1時間のみの授業でも成立する。2時間の場合は，各時間を2週に分けて実施することが望ましい。

1　授業づくりにあたって

　本授業は，アイロンかけの実習授業である。生徒は学校での製作実習でアイロンかけの経験を持つものが多いが，なぜそうかけるのかという知識は乏しく生活に生かせる力にはなっていない。科学的にしわが伸びる原理（熱，水分，圧力）を学ばせた上で以下3点の力をつけさせることで，生活の様々な場面でそれを応用して生かせることをねらいとした。
　「生活に生かせる知識・技能」…衣生活の自立に必要な布・繊維の性質及び衣服の構成を知る。
　しわが伸びる原理を理解した上で，アイロンかけ実習ができる。
　「工夫し実践する思考力」…相互に学びあいながら工夫してアイロンかけ実習ができる。
　「将来にわたって学びを生かそうとする意識」…生活に生かしたいと思うことができる。

2　授業構想

❶　実感で納得させる実験的体験
　ワイシャツへのアイロンかけの前に，縦横2本ずつ折り目をつけた綿シーチング（30cm角）を用いて，「アイロンでのしわ伸ばし体験」をさせた。ドライアイロンによる「熱・圧力」だけではうっすらしわが残るが，霧吹きで「水分」を追加することにより，さらにしわがなくなり布の表面が均一できれいにピンとなる。この体験をさせることにより，しわを伸ばすには「熱・水分・圧力」という3要素が関係していることを実感することができた。

❷　視聴覚教材の活用
　科学的にしわが伸びる原理を理解させるため，「繊維分子の紙芝居」（図1，P.99）を作成

した。これは様々な資料をもとに著者が3枚の紙芝居に構成したものである。絵を用いて科学的な仕組みを説明することで，生徒の理解を促すことに役立てた。

❸ 班学習による学びあいのしかけ

限られた時間で全員にアイロンかけを体験させる方法として，1枚のワイシャツを班で担当し，「前身ごろ」，「そで」など部分ごとに一人ずつが分担する班学習を行った。この学習形態は，時間短縮だけではなく，相互にかけ方を観察して良い点や改善点を発見しアドバイスをしあうなど，考えながら実習を行い学びあうことをねらったものである。

3 授業計画

❶ 実施校・対象学年

和歌山県湯浅町立湯浅中学校・第1学年
（実施校の事情により第1学年で実施した。前年度，和歌山市立西浜中学校・第2学年で1時間【基礎編】のみ実施した。）

❷ 実施時期

2016年1月～2月

❸ 学習目標

・アイロンでしわが伸びる原理を理解し，布の性質や繊維の特徴にあったアイロンの基本的なかけ方ができる。　　　　　　　　　　　　　　　　　　　　　　　　【知識・技能】
・繊維の特徴や衣服の構成にあわせて適切なアイロンかけの方法を工夫している。
　　　　　　　　　　　　　　　　　　　　　　　　　　　　　　　　　【思考・判断・表現】
・アイロンかけに関心を持って実習に取り組み，今後も得た知識・技能を生活に生かそうとする。　　　　　　　　　　　　　　　　　　　　　　　【主体的に学習に取り組む態度】

❹ 学習構成

1時間目【基礎編】は，アイロンでしわが伸びる原理を実験的体験により理解させたあと，布や繊維の性質を考えたアイロンの温度調節や動かし方などアイロンかけの基礎を理解させて実習を行う。2時間目【応用編】は，霧吹きとスチームの使い分けを綿と毛の吸水実験から理解させたあと，1時間目にかけにくかった箇所（襟周りや袖付け部分）に着目させ，衣服が立体構成であることを意識して工夫しながらアイロンかけ実習を行う。各時間最後の「授業の振り返り」は授業展開の中で必ずおさえたい内容について自己評価の観点（表1）を設定し，各

時間の授業の最後にワークシートの自己評価欄に自分の到達度を「Aよくわかった（できた）」，「Bわかった（できた）」，「Cあまりわからなかった（できなかった）」の３段階で答えさせる。

表１　自己評価の観点

【基礎編】	【応用編】
○衣服のしわを伸ばすには３つの要素が関係していることがわかったか。 ○アイロンを動かす方向とかける手順がわかったか。 ○アイロンでしわを伸ばすことができたか。	○アイロンかけできれいに仕上げるコツがわかったか。 ○霧吹きとスチームアイロンを繊維によって使い分ける理由がわかったか。 ○きれいに仕上げることができたか。

	学習活動	指導上の留意事項	評価規準
ねらい	アイロンでしわが伸びる原理を理解し，布の性質や繊維の特徴，衣服の構成にあわせて適切なアイロンかけができる。		
一次（１時間）	○しわ伸ばし実験的体験と繊維分子の紙芝居から，アイロンでしわが伸びる原理を理解する。 ○かけ方ビデオ視聴により，ワイシャツのアイロンかけのポイントを理解する。 ○班で１枚のワイシャツを部分ごとに分担して，アイロンをかける。	・実験で起こったことを，紙芝居の図を用いて解説する。 ・「アイロンの動かし方」，「えり・カフスのかけ方」，「かける手順」の３点に注目させる。 ・時間を区切って，全員が体験できるようにする。	アイロンかけに関心をもち，積極的に実験している。【思考・判断・表現】 しわが伸びる原理とワイシャツのアイロンかけのポイントがわかる。【知識】 布目の方向を考えてアイロンかけができる。【技能】
二次（１時間）	○綿と毛の吸水実験から，アイロンをかける時の霧吹きの効果を理解する。 ○かけにくい箇所を上手くかけるコツを話し合う。 ○班で１枚のワイシャツを部分ごとに分担して，アイロンをかける。	・霧吹きとスチームでは水の粒の大きさに違いがあることに気づかせる。 ・ワイシャツの解体見本提示により衣服が立体構成であることに着目させる。 ・学習したことを生かしてアイロンかけができるように促す。	霧吹きとスチームの使い分け方がわかる。【知識・技能】 アイロンのかけ方に工夫がみられる。【主体的に学習に取り組む態度】

4　授業風景

❶　しわが伸びる原理の理解

　紙芝居は繊維分子をヒト形で表し，しわがよった布（図１のⅠ）に，「水分」を含ませると分子のヒト形は手を放して動きやすい状態になり（図１のⅡ），この状態の時にアイロンで「熱」と「圧力」を加えると分子が平らに手をつないで整列した状態になる（図１のⅢ）こと

を絵で表現している。これを提示しながら説明することで目には見えない分子を生徒にわかりやすく説明することができた。さらに、理科で学習した分子について想起させたことで、より一層理解を示している生徒の様子が見受けられた。

「しわ伸ばし体験」では、ドライアイロンだけの場合と、霧吹き後にアイロンをかけた場合とでは仕上がりに明らかな違いが見られ、しわを伸ばすには「熱・水分・圧力」の3要素が関係していることを生徒は実感した様子であった。

❷ 協働と対話による学びの深まり

班学習でのアイロンかけ実習では、相互評価ができるようなワークシートの工夫をした。その工夫は、各時間のねらいにあわせて見るポイントを限定し、観点ごとの到達度を〇△×で評価する欄と、友達のかけ方から学んだことや気づいたことを自由に記述する欄を設けたことである（図2）。観点は、1時間目【基礎編】は「アイロンを動かす向き」と「しわが伸びたか」、2時間目【応用編】は「布を張ってかけたか」と「きれいに仕上げたか」とした。

Ⅰ．しわがよった布の繊維分子はこんな状態

Ⅱ．水分を加えると繊維分子は動きやすくなって

Ⅲ．アイロンで押さえると繊維分子はまっすぐに

図1　繊維分子の紙芝居（花王HPから作図）

図2　相互評価記入例

ワークシートへの記述には、「友達がアイロンの先を上手く使っていた」、「しわを整えるとかけやすそうだ」、「そでは縫い目に形を合わせていた」、「左手を置く位置に気をつけると良い」、「（友達が）ななめにかけていたのがダメだと思った」などがあり、友達のかけ方を観察することでその時間に学習した内容を再確認し、考えながら実習する様子がうかがえた。また、「友達の言うとおり布目にそってかけると上手にできた」、「えりは半分かけてから逆からかけると良いと友達から言われた」などお互いに助言しあいながら工夫して実習できたことも記述

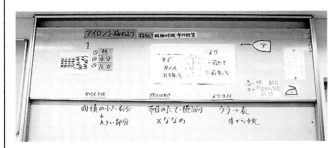

図3　1時間目【基礎編】板書例

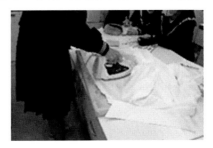

図4　実習と相互評価の様子

されており，班での対話的で協働的な学びから，考えを深める学習ができた。

5　授業の振り返り

❶　生活に生かせる知識・技能

　自己評価による3要素（熱・水分・圧力）の理解は，「Aよくわかった」が85％，「Bわかった」もあわせると96％と，ほとんどの生徒が理解を示していた。アイロンかけ技能の習得は，【基礎編】，【応用編】それぞれ92％，89％が「Aよくできた」または「Bできた」と回答しており，基礎的な技能はおおむね習得させることができたと思われる。しかし，「Aよくできた」と回答した者は両時間とも6割程度であった。学ばせたい内容が多く，実習時間が各時間とも15分程度となり，一人あたりの作業時間が短くなったため，苦手な生徒にとっては満足できるレベルまで到達できなかったと考えられる。

❷　工夫して実践する思考力

　これまで各自で行うことの多かったアイロンかけ実習を，互いのかけ方を見て双方向に学びあう協働学習で行った結果，相互評価の記述から思考力の深化が認められたと考える。一人一人がかけたのはワイシャツの一部分であったが，各時間の目標に照らした観点をワークシートに示し，互いのかけ方を見ながら評価・記録させることで，多くの学びにつなげることができた。

❸　将来にわたって学びを生かそうとする意識

　授業前後の意識変化調査から，今後のアイロンかけ意欲が81％の生徒にみられた。教師からの一方向的な指導ではなく生徒主体で考えさせる学習ができたこと，協働学習により友達からよい刺激を受けたこと，自己評価により授業の振り返りと自己の到達度確認ができたことなどが，次の意欲へとつながったと思われる。

　今回アイロンかけ実習を行ったことで，生徒たちはアイロンかけ後のピンと伸びた衣服の気持ちよい手触りや見た目のよさを実感しているであろう。「なぜそうするのか」を考えながら習得したアイロンかけの知識・技能を，制服のワイシャツや夏のセーラー服など普段自分が着用している衣服や，将来一人暮らしをした時など必要な場面で生かしてくれることを期待する。

❹　課題

　衣生活の内容を多く盛り込んだ2時間の授業では，一人当たりのアイロンかけ実習時間が十分に確保できなかった。そのため，技能面では満足できるレベルまで到達できない生徒がみられた。今後の課題としては，内容の精選や授業時間の追加により実習時間を増やすことや，特

にかけにくい部分の指導方法を工夫することなどの改善が必要である。

6 授業の読み解き

　家庭科には実習や実験を伴う授業が多い。中でも衣生活学習には，生活技能の習得と達成感・満足感が教育的意義とされている指導実態も報告されている。しかし，実習授業を単に体験するだけでなく，理論と結びつけたものにすることによって，学びを深め生活に応用していくことが求められている。

　本題材は，アイロンかけという技術を生徒一人一人が体験できる実習授業である。班で活動するしかけから，生徒同士で声を掛け合い，相互に観察してアドバイスしあうという主体的・対話的な学習を目指す授業となっている。布・繊維の性質や衣服の構成と関連させたアイロンかけをすることにより，効率を考えたアイロンの動かし方や衣服の特性を考えた水の使い方を生徒は身につけようとしていた。アイロンかけに関わる科学的な理論は，Zone 2（図5）に点線で示した発展的内容（洗濯の干し方や保管時の注意）を理解することによって，アイロンかけの手間を逆に減らせるという日常生活の工夫・改善にもつながるだろう。衣服購入時のポイント（Zone 4）から消費生活の内容への展開が可能な題材でもある。

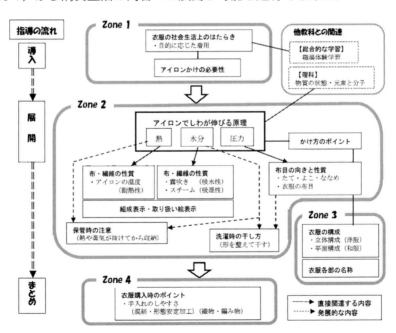

西岡，今村，赤松（2016）和歌山大学教職大学院紀要学校教育実践研究63-70より引用
図5　アイロンかけ実習授業の構造図

（授業者：西岡真弓／読み解き：今村律子）

授業5　ライフステージにふさわしい住まいとは

対象校種・学年：中学校　第3学年
指導要領との対応：B（6）住居の機能と安全な住まい方
題材のおすすめポイント：住生活学習に住文化，家族の安全・安心の視点を関連付けた学びである。ライフステージのなかで，高齢者や幼児がいる家族の住生活を想定し，家族へのインタビューや班での話し合い，住文化にかかわる実物素材の体験などを取り入れることで，主体的に対話し考えを深める学びとした。

1　授業づくりにあたって

　これまでの住生活の授業では，新聞広告の平面図や写真などを用いて教科書に沿った授業を行うことが多かった。伝統的な和室文化や和洋の起居洋式については，そこだけを知識・理解として扱いがちである。

　しかし，生活経験の少ない生徒にとっては「本物に触れるからこそ得られる実感」が，理解を深め生活実践力へとつなぐために必要であると考えた。そこで，今回は自分の将来の住まい・住まい方を考えるという設定で，和と洋の住まい・住まい方について，事前に調べたり，家族から聞き取ったりすることで，高齢者の立場で考える授業を取り入れた。その際，地元の職人に製作を依頼した8分の1サイズの畳や建具に触れながら住空間づくりを考えられるよう意識した。また，高齢者に引き続き，幼児がいる家族の住まいについても，専門家が監修した鳥瞰図から考え，最後に，自分のこれからの住生活について語るような課題を提示した。これらにより，家族と共に暮らす住まいについて，深い学びへと導くことができると考えた。

2　授業構想

　まず，新聞広告の平面図や写真などを用いて「もし家がなくなったら困ること」について意見交流し，住空間の基本的機能や役割を意識させた。続いて，高齢者の住まいについて，家庭内の安全および和洋の住文化の視点から考えさせた。授業前に実施した生徒の住まい調査では，生徒の多くは洋風または和洋折衷の住まいで，伝統的な日本の住まいで生活している者は少なかったことから，事前レポート課題を「高齢者になったら，自分の部屋を和室と洋室のどちらにしたいか」に設定し，自分の立場を明確にさせた上で，自分のとった立場に根拠をもたせるための，家族インタビューや調査を課題とした。生徒は，事前の調査内容を元に，授業内でのグループ活動や対話を深めていくことができた。

3 授業計画

❶ 実施校・対象学年
香川大学教育学部附属坂出中学校・第3学年

❷ 実施時期
2017年11～12月

❸ 学習目標
・家庭内事故の実態や高齢者や幼児の特徴などをふまえ，ライフステージにふさわしい住まいを見直すことができる。【知識・技能】【思考・判断・表現】
・和と洋の住まい・住まい方や現代の科学技術を生かした住まいの特徴を理解したうえで，住空間づくりを文化の継承，高齢者の安心，幼児の安全などの視点から考えることができる。
【思考・判断・表現】【主体的に学習に取り組む態度】

❹ 学習構成
　本題材は授業の前後の家庭での課題学習と4時間の授業からなる。第一次では，住まいの機能と生活行為とのかかわりを考えると共に，高齢者の特性と家庭内事故の現状について理解する。第二次では，事前の調査をもとに高齢者の住まいについて意見交換し，伝統的住まいに見られる建具や畳の素材を実体験しながら考えを深めていく。第三次では，鳥瞰図を用いて，幼児がいる家庭の住空間の課題と解決案を考える。第四次では，最新の住まい・住まい方と伝統的な住まい・住まい方を比較しながら，自分の住生活について見つめなおし考えを深める。

　なお，本題材の前の授業では，世界各地の住まいの特徴とその背景となる気候風土等についての学習を行い，伝統的住文化に関心を持つきっかけとなるように配慮している。

	学習活動	指導上の留意事項	評価規準
ねらい ライフステージにふさわしい住まいについて，安全・安心・住文化等の視点から考え，自分や家族の生活を主体的につくる態度と能力を養う			
一次（一時間）	1 住まいの機能と生活行為と空間の関わりについて理解する。 ・新聞広告の平面図を見ることで，住まいと住空間について考え直す。 2 高齢者の特性と家庭内事故の現状について理解する。	学習課題（中心となる問い） 「もし家がなくなったら困ることは何か」 レポート課題「高齢者になったら，自分の部屋を（和室・洋室）どちらにしたいか」を示す	住まいの機能，生活行為と空間との関わり，高齢者の特性，家庭内事故の現状について理解している。【知識・技能】
二次（一時間）	2 高齢者の住まいについて，和室と洋室を対比させて考える。 ・根拠をもって意見交換する。 ・地元職人が製作した畳や，現代的床材，障子・ふすまなどの実物素材を確認しながら議論を深めていく。	「自分が高齢になったら，どう（快適・安全に）暮らしていくか」（家庭内事故の現状をふまえる。） ・和室・洋室のいずれかの立場で調査したレポートをもとに，対話を促す。	和室・洋室の特徴について理解する。【知識】 高齢者の特性をふまえ，安全や快適等の視点から住まいを考えることができる。【思考・判断・表現】
三次（一時間）	3 夫婦と子ども（ライフステージの変化）からなる家族の住空間を考える。 ・安全性の視点から問題点と改善策を幼児目線で考える。	「もし幼児がいたら，どう暮らしていくか」 ・鳥瞰図（危険探しと解決案の両方）を使用 ・チャイルドビジョン体験	幼児の安全の視点から住まいを見直し，住空間の整え方について考え，工夫する。【思考・判断・表現】
四次（一時間）	4 最新の住まいと伝統的な住まいを比較しながら今後の生活を考える。 5 自宅学習課題としてレポートを作成する。	「これからの住まい・住生活はどうなっていくのか」 ・「自分のこれからの住生活を考える」を課題とする	多様な視点から，今後の住まい・住生活を考えることができる。【主体的に学習に取り組む態度】

4 授業風景

❶ 調査や家族からの聞き取り，体験によって課題を追求する

　本題材では，初めに「家がなくなったら困ること」について意見を出し合い，住まいの役割について確認し，「自分の住まいにはどんな空間があるか」「洋室と和室をどんな生活行為で使っているか」を考える。続いて高齢者の特性と家庭内事故の現状を理解した後，「自分が高齢になったら，和室と洋室のどちらで暮らしたいか」という問いをもとに，自分の立場から「(高齢者の身体的特性を含めて)自分が選んだ部屋のよさを調べる」レポートを作成する。このとき「友達に根拠を持って説明するため」という視点を加えたところ，身近な祖父母からの聞き取り調査なども行ったうえで話し合いに臨む姿がみられた。

　対話の最中，教室には畳やフローリング材を並べ，車椅子の体験などを自由に行えるようにしておいたところ，生徒たちは畳と床材のにおいや肌触り，すべりやすさなどを確認しつつ，「祖父はひざが痛くて和室だと一度座ると立てないから洋室がいい」「でも，祖母は和室でも椅子を使ってる」「フローリングはかたくて冷たくてくつろげないけど畳なら座ったり寝転んだりできる」「車いすになったとき，畳は傷むからフローリングがいい」「高齢者は腰が悪いからふとんのあげおろしがつらいからベッドがいい」，「和室は風通しが良く，静かだから高齢者は落ち着く」等，活発に対話ができていた。また，「障子は破れたら張り替えるのが大変」との発言に「ちょっとした破れや穴だったら，障子紙をかわいく切ってはれば大丈夫」と反論したり，「たたみは手入れが大変」には「カーペットも汚れたら大変」と返すなど，生活実感にもとづく学びあいがみられた。ここでは汚れがつきにくい和紙を素材にした畳などの知識も得た。

　また，ミニサイズながら本格的な障子やふすまの建具については，開け閉めの軽さや滑らかさを楽しんでいた。なぜ雪見障子が上に持ちあがったまま落ちないのか等，職人の技について興味を示す生徒もおり，何度も繰り返し上げ下げする姿もみられた。

❷ 体験をふまえ，鳥瞰図から考える幼児のいる住まいの暮らし

　幼児のいる住まいの安全については，保育実習やチャイルドビジョンなどの体験を行った後，専門家が監修した鳥瞰図※を用いてグループで話し合った。生徒はさまざまな危険要素が含まれている拡大図を見ながら，「片づけやすい部屋が大事」「保育実習のときコンセントカバーがついていた」「テーブルの角は危ない」「なべの持ち手の置き方も考えないといけない」など，幼児のいる家族になった気持ちで，それまでの体験や学習をふまえて多くの危険を探すことができていた。

※かながわ住まいまちづくり協会『わたしたちの「すまい」と「まち」』(2014) 18-27頁から引用。

5 授業の振り返り

❶ 学びあいによる生徒の意識変容

　高齢者の視点に立って住空間を見つめなおすという学習として，今回は調べ学習と高齢者への聞き取りという事前学習と，伝統的な和の素材体験を取り入れた中で対話を行った。生徒の考えの変化を調べると，当初は安全面などから洋室派が多かったのだが，伝統的な和室の良さや高齢者の思いを知る中で，洋室から和室へと考えが変化したり，両方のよさを取り入れる和洋折衷にしたいとする生徒が多くなった。「おじいちゃんが和室の方が絶対落ち着くと言ってた」等の他の生徒の発言に刺激を受け，自分の意見を改めて見直し，悩みながら考えを深める姿も見られた。

❷ 体験と実物素材から感じとる学び

　授業中，生徒らは畳や床材，建具を何度も触ったりにおいをかいでみたり，飛び跳ねてひざをつき，転んだときの衝撃やすべりやすさなどを確かめたりしつつ，活発に対話していた。

　幼児のいる家族の住まい・住生活については，保育領域での保育実習と，チャイルドビジョンでの幼児の視野の狭さの体験等が想像力を高め，鳥瞰図を用いた住まいの見直しに生かされていた。まとめの課題「これからの住生活を考える」では，「最新の設備だけでなく伝統的な住まいや住まい方にも目を向けたい」「自分の住まいはよく考えてつくりたい」等の将来に目を向ける意見と共に，「うちでもう一度今の住まいを見直してみたい」「我が家は家族に優しい家か，みてみよう」等の考えも述べられていた。

　今回使用した畳や建具などの教材は，製作に費用がかかり，それぞれの学校で準備することは難しいことである。しかし，大学との連携協力による教材研究に取り組んだことで製作が可能となった。他の中学校でも本教材を使って授業や研究を実施することができ，香川県の家庭科教育の大きな成果につながったと考えている。

雪見障子，襖，畳，フローリングの体感

車いすでドアの出入りを体験

6　授業の読み解き

❶　経験や知識を共有する協働の学び

　本題材で示された,「自分が高齢者になったら,和室と洋室のどちらに住みたいか」という問いは,シンプルであるが,「その部屋のよさを友達に根拠を持って説明するためのレポート」を作成し,対話することにより,生徒の学びは深められた。身近に高齢者のいない生徒も他の生徒から「高齢者の思い」を聞くことにより,「高齢者は足腰が弱いから洋室で椅子とベッドが良いだろう」と単純に決めつける学びでなく,実際の高齢者から聞き取った話や実際の建材に触れる体験をふまえ,「本当は何が良いのか」,真剣に悩み考えあう姿が印象的である。

　地方においては,いまも伝統的な和風住宅に住む家庭もあり,祖父母が身近にいる生徒も少なくない。洋風化は進んではいるが,和室のある家庭も比較的多い。このような住環境にいる生徒らに向けて「和室か洋室か」の二項対立の形を取ったことは,効果的な学習課題の設定であったと考えられる。普段はあまり意見の出ないクラスでも,予想を超えてアクティブな展開がみられた。多様な体験と共に,班構成を異なる立場(考え)をもつ4名とした工夫等も,活発な対話の促進において有効であった。

❷　伝統的住文化と関連付けて他世代や地域との共生に向かう学び

　特筆すべきは,住まいの安全の学習と共に伝統的な住文化に関する学習を行っている点である。「現代の名工」として表彰されるような地元の職人からの協力も得て製作した伝統的な素材から,生徒らはこれまで意識した事の無い地域の職人の手仕事に関心を向けるきっかけも得ている。大学生でも畳の内部は本来何からできている?と質問されるとほとんどがわからない時代である。単に知識としてわかるのでなく,五感を使うことのできる教材は重要である。内部も見えるように工夫した教材も取り入れている。ここで学んだ生徒たちが実際に伝統建築に触れるとき,これまで見えていなかったものが見えるのではないだろうか。

　最近は和紙を素材にした畳など,介護の必要な高齢者や幼児のいる家庭でも使いやすい製品も開発されている。和室でも使える椅子やベッドもある。このような情報の提供により,生徒らに新たな気づきが生まれ,自分たちの生活をどう作っていくのか,さらに思考を深めることにつながっている。

　住文化を知識として学ぶなら,社会科の歴史学習や国語の古典学習においても可能かもしれない。しかし,家庭科で扱えば,実生活と結びつき,手入れのしやすさ,転用性,耐久性,経済性,環境影響等,さまざまな価値にかかわる思考の深まりが可能となる。本題材により,生徒たちは新たな認識と,多面的・多角的なものの見方や考え方を獲得したのではないだろうか。

(授業者:池下　香／読み解き:妹尾理子)

授業6 サバ飯（サバイバル飯）チャレンジ
～被災者の声を生かして家族が元気になれるサバ飯を考えよう～

対象校種・学年：中学校　第1学年
学習指導要領との対応：内容A（3），内容B（1），内容B（3）
題材のおすすめポイント：サバ飯の実践を通して，避難生活を豊かにするには日常生活でその力をつけておく必要性に気づかせ，実践的態度の育成を目指します。

1　授業づくりにあたって

　近年，地震や津波，豪雨などの自然災害が頻発している。大切な人や住む家を失い，身体的，精神的，物質的に厳しい環境の中で，避難生活を強いられる状況がみられる。そうした災害によるリスクを最小限にとどめるには，防災教育を充実させることが必要である。

　本校は静岡県の中部に位置している。静岡県では，南海トラフ巨大地震発生の切迫性が高まっていることから，学校教育において防災教育が推進されている。生徒は幼少期から自然災害について学び，地震に対する意識は高い。

　防災は日常生活の中に位置づけられるものである。しかし，防災教育は非日常のいざというときのための学習としてとらえられ，多くの生徒が「非常食＝乾パン」「非常食は数日間の飢えをしのぐ特別な食事」とイメージしがちである。ところが実際は，災害時だからこそ，家庭の味に近く，おいしいと思える食事を食べることが，避難生活のストレスを軽減させ，前向きに生きようとする力を引き出すと言われている。避難生活をより豊かにするには，日常生活の中で生活を豊かにする力を身につけておくことが必要である。そこで，日常と非日常をつなぎ，日々の生活をよりよくする力を向上させるとともに，防災力を高めることを目指した。

2　授業構想

　生徒の関心や学習活動の取り組みやすさから，サバイバル飯（サバ飯）を題材にした。サバイバル飯とは，自然災害等によりライフラインが途絶えた際に，手元にある食材を用いて生き抜く（survive）ための食事のことである。避難生活は誰もが体験するわけではない。そこで，被災者の声を生かして，家族が元気になれるサバ飯を考えさせるようにした。すなわち，共生の視点から，避難生活における健康で快適で安全な食生活を追究させることにした。

　授業では「栄養がとれるおいしいサバ飯を考える」ことを示した。「栄養がとれる」は「災害時に不足しがちな栄養を補える」，「おいしい」は「あたたかくて香りがあり，食欲をそそ

る」,「サバ飯」は「常温で長期保存できる食品を使った災害時の食事」と定義した。そして,サバ飯の実践を通して,生徒自身の課題に気づかせる活動を仕組んだ。その課題を解決することは避難生活だけでなく,日常生活を豊かにすることにつながることを理解させたいと考えた。

3 授業計画

❶ 実施校・対象学年
静岡大学教育学部附属島田中学校・第1学年

❷ 実施時期
2017年7月～10月(夏季休業中を含む)

❸ 学習目標
- 常温で長期保存できるなど,食品の特徴や生活場面に応じた活用方法を理解し,少ないエネルギーを用いて衛生的に食品や調理用具等の管理ができる。　　　　　　　　【知識・技能】
- 被災者の声から災害時の自分や家族の食生活の課題を見つけ,その解決を目指して調理計画を工夫し,調理実践の成果と課題についてまとめている。　　　　　　【思考・判断・表現】
- 自分や家族の災害時や日常の食生活をよりよくすることに関心をもち,サバ飯(サバイバル飯)チャレンジという課題を主体的にとらえ,調理の計画と実践に取り組もうとしている。
　　　　　　　　　　　　　　　　　　　　　　　　　　【主体的に学習に取り組む態度】

❹ 学習構成
　本題材は4時間構成である。第一次では,被災者の声から災害時における家族の食生活の課題に気づき,課題解決の方法を考えた。第二次ではサバ飯の調理実習を行った。第三次では家庭実践に向けてサバ飯の実践計画を立てた。第四次では,災害時の食生活を豊かにするためには日常の食生活をよりよくすることが必要であることを理解し,自身の課題の解決策を考えた。

	学習活動	指導上の留意事項	評価規準

ねらい
被災者の声から災害時における家族の食生活の課題に気づかせる学習活動を通して,災害時の食生活を豊かにするためには,日常の食生活をよりよくすることが必要であることを理解させ,自分の日常の食生活の課題を見つけ,食生活をよりよくする力を育成する。

| | 栄養がとれるおいしいサバ飯(サバイバル飯)を考えよう
①被災者の実体験を把握し,災害 | ①-1 パワーポイントを用いて熊本地震の避難所の配給食を提示し,具体的にイメージさせる。 | 被災者の声から災害時における自分や家族の食生活の課題を見つけ,その解決を目指して「栄養がとれ |

一次（1時間）	時の食生活の課題に気づく。 ②常温で長期保存できる食品を組み合わせ，栄養がとれるおいしいサバ飯を考える。 【食事が果たす役割，食品の栄養的特質，食品の選択】	①-2 災害時の食の課題として，栄養が偏り体調が優れない，味が濃く胃腸を壊しやすい，ワンパターン，冷たい，香りが無い，食欲が出ない，食べ慣れず精神的安定が得られない等に気づかせる。 ②サバ飯の定義を押さえて小集団追究から全体追究を行い，自己の考えを広げられるようにする。	る」「おいしい」「サバ飯」の要件を満たした食事を工夫している。 【思考・判断・表現】
二次（1時間）	サバ飯を作ってみよう ・常温で長期保存できる食品を使い，少ないエネルギーで衛生面に配慮した調理実習を行う。 【日常食の調理，持続可能な社会，SDGs】	・「ツナとトマトのパスタ」と「切り干し大根とコーンとわかめのサラダ」を題材として取り上げる。 ・調理実習を通して，調理用具を汚さずに少ない水で調理する方法や，缶詰や乾物を活用して非常時に不足しがちな栄養素を摂る方法を身につけさせる。	食品の特徴や生活場面に応じた活用方法を理解し，少ないエネルギーを用いて衛生的に食品や調理用具等の管理ができる。 【知識・技能】
三次（1時間）	サバ飯チャレンジの計画を立てよう ・前時までの知識や経験をもとに，家庭にある常温で長期保存できる食品を使い，調理で使用する水等の量を制限した実践計画を立てる。 【日常食の調理，持続可能な社会，SDGs】	・それぞれの家庭にある「常温で長期保存できる食品」を調べてくることを課題にしておく。 ・前時までの学習，家族の状況，自分の調理技術などを考えた上で，オリジナルのサバ飯を考えさせる。 ・夏休みを使って，家庭で実践してくることを課題とする。	「栄養がとれる」「おいしい」「サバ飯」の要件を満たした食事を工夫している。 【思考・判断・表現】
四次（1時間）	サバ飯チャレンジから見えてきたものは？ ①実践を振り返り，できたこと，できなかったことを共有する。 ②災害時の食生活をよりよくするには日常生活でその力を身につけることを理解し，日常の食生活で取り組みたいことを考えて自分の課題を把握する。【食生活についての課題】	①食材に関する知識不足，調理に関する知識や技能の不足，水やガスなどのエネルギーを効率的に使いこなせないこと等について振り返らせる。 ②日常の食生活と災害時の食生活は別ものではなく，つながっていることを理解させる。日常の食生活で取り組みたいことについて，できるだけ具体的に記述するよう伝える。	サバ飯チャレンジの取組を日常生活とつなげて考え，自分の課題を把握し，その課題を解決しようとする意欲をもっている。 【主体的に学習に取り組む態度】

4 授業風景

❶ 他者との共生「被災者の声から生まれた，家族のための非常食づくり」

　災害発生時の食生活について，各家庭で食料を備蓄することが推奨されているが，生徒たちは，報道等で配給や炊き出しの様子を見聞きし，「家族の数日分の食料があれば，何とかなるだろう」と，楽観的に考えている様子が見受けられた。

　しかし，本授業を通して，避難所における配給食の実態や，報道によって各避難所に届く支援物資や炊き出しに偏りが生じることを知り，多くの生徒が驚いていた。さらに，被災者の声を通して，非常食や配給食は，味付けが濃く，冷たく，炭水化物に偏っているため，胃腸が弱る，香りがなく食欲がでない，野菜不足で体調を崩す，食べ慣れずストレスになることに気づいていた。配給食の実態を知り，課題意識を強くもつことができていた。

　また，若くて元気な自分たちは，同じ非常食・配給食を食べてすぐに体調を崩さなくても，高齢者や幼児は体調を崩しやすいということを知り，自分たちの力で家族を元気にしたいという課題解決への意欲につながった。「お味噌汁のような温かくて食べ慣れているものがほっとする」「トマトやコーンの缶詰は野菜不足解消になる」「ひじきや切り干し大根は栄養価が高く，煮物にしたら高齢者は喜ぶよ」「鍋などみんなで一緒に食べられる料理は元気が出る」などの意見が出された。

❷ 他者との協力・協働「生活経験の差をカバーし合う小集団活動」

　各家庭で使われる食材，作られる料理，生徒個々の調理経験など，生活経験には個人差がある。小集団による追究はこのような生活経験の差をカバーし合い，新しい発見ができるメリットがある。「この食品でこんな料理ができるんだ」「そんな工夫があるんだ」など，個人追究ではわからなかった様々な発見が生まれた。同様に，調理実習においても，調理器具の扱い方，盛り付けの仕方など，様々な点で他者と協力・協働することによる学びが生まれた。

図1　サバ飯を考える（第一次）　　図2　サバ飯を作ってみる（第二次）　　図3　実践を振り返る（第四次）

5 授業の振り返り

❶ 成果

　生活を工夫し創造する力の育成について表1に示す。すべての要件を満たした食事を工夫した生徒は，第一次の個人追究で13人（33％）であったが，第三次終了後の家庭実践は31人（79％）と増加した。当初はどんな食事をおいしいと感じるのか，どんな栄養素や食品をとればよいかイメージが湧かなかった生徒も，小集団追究や全体追究，調理実習を通してサバ飯に対する理解を深めていた。個人→小集団→全体の追究を取り入れ，実践前に調理実習で実体験の場を設定するなど，4時間の題材構成が生活を工夫し創造する力の育成につながったといえる。

表1　生活を工夫し創造する力の検証　　（ワークシート，レポート）n＝39

	第一次	家庭実践
「栄養がとれる」「おいしい」「サバ飯」のすべて要件を満たした食事を工夫している。	13人（33％）	31人（79％）
「栄養がとれる」「おいしい」「サバ飯」のいずれの要件を満たした食事を工夫している。	26人（67％）	8人（21％）
「栄養がとれるおいしいサバ飯」を考えられていない。	0人（0％）	0人（0％）

　課題解決に取り組もうとする態度について表2に示す。第一次で，実例の写真やデータを用いた課題の明示が学習意欲につながったと考えられる。家庭実践は全員が行い，家の人の言葉が添えられていた。学びを教室の中にとどめず，実生活につなげることができていた。

表2　課題解決に取り組もうとする態度の検証

（行動観察，ワークシート）n＝39

災害時の食生活改善に高い関心をもち，課題を主体的にとらえ，サバ飯チャレンジに意欲的に取り組んでいる。	33人（85％）
災害時の食生活改善に関心をもち，サバ飯チャレンジに取り組んでいる。	6人（15％）
サバ飯チャレンジに取り組んでいない。	0人（0％）

　第四次における「やってみたいこと」の記述の分類を表3に示す。本題材の学びを非日常で終わらせず，学びを継続し，日常生活で課題解決を図ろうとする記述が多く見られた。

表3　第四次における「やってみたいこと」の記述の分類　　（ワークシート）n＝39

日常の食生活に関する記述　例：普段から料理に慣れて感覚をつかみたい	32名（82％）
非日常の食生活に関する記述　例：長期保存できる食品をそろえておきたい，節水や節エネルギーの方法をもっとやってみたい	5名（13％）
栄養の学習に関する記述　例：栄養素や栄養バランスの整え方を知りたい	2名（5％）

❷ 課題

　第四次で節エネルギーの方法や栄養バランスの整え方を知りたいなど，授業で直接的に意図

したものとは異なる意見があったことは，逆説的にこれまでの授業の中でそうした知識や技能が身についていなかったともいえる。生活を工夫し創造する力は，基礎的・基本的な知識や技能の上に成り立つものであり，基礎的・基本的な知識や技能の定着を図る必要があると感じた。

6　授業の読み解き

❶ 非日常を想定した実践を通して生徒自らが日常生活の課題に気づく題材の面白さ

　本題材の面白さは，サバイバル飯という非日常を想定した実践を通して，生徒自身に日常生活における課題を気づかせるところにある。

　要になるのは，第四次の授業である。はじめに，サバ飯の失敗と原因を分析させる。失敗の多くは「食材の扱い方がわからない」「時間がかかり過ぎた」「調理技術がない」などであり，その原因は「調理経験が少ない」「調理の手順が身についていない」などであった。失敗の原因が日常生活の中に潜んでいることに気づかせる仕掛けになっており，非日常と日常がスムーズにつながれている。つぎに，解決策を考えさせる。解決策は「日頃から家にある食品を使い，自分で考えて調理してみる」「自分が日頃食べている食材を把握しておくと，災害時にもその場にある食品を組み合せて食べたいものを作ることができる」「長持ちする食品を扱えると食事のバリエーションが増える」など，これから自分がやるべきこと（目標）が設定されていた。

　すなわち，本題材は，非日常の「入口」から入り，失敗経験を通して日常生活を振り返り，生活をよりよくしようとする実践的態度を育成する「出口」に向かうように設計されている。

　第四次を参観した地域の家庭科教員から，「学びに広がりが出る題材だった」「非日常の学びを日常生活につなげる授業構想が新鮮」「家庭を巻き込んで実践できる」「自分も興味が湧いた」「取り組んでみたい」の声が聞かれた。本題材が生徒の学びに効果的に機能していたといえる。

❷ 教材や指導法を工夫して当事者意識を高め，共生の意識を育む

　災害に対して当事者意識をもたせることは難しい。本題材では，①教材として被災者の声を活用して配給食の実態を把握させ，②家族が元気になるサバ飯について，共生の視点から健康で快適で安全な食生活を追究させることにより，自分事として学習課題に取り組む必要感を生徒にもたらしていた。全員がサバ飯の家庭実践に取り組めたことがその表れであるといえる。

　防災教育のみならず，少子高齢社会やグローバル化など，これからの社会を生きるためには，いままで以上に共生の意識を育むことが求められる。共生社会の実現に向けて，当事者意識を高めて他者の思いに共感し，他者理解を促せるように，ICTなどを活用して教材や指導法を工夫していくことが必要である。

（授業者：佐貫浩子／読み解き：小清水貴子）

授業7　自分の未来を描こう

対象校種・学年：高等学校　第1学年
学習指導要領との対応：A人の一生と家族・家庭及び福祉（1）～（5）
題材のおすすめポイント：自分と異なる価値観にふれながら，自己を見つめ考えを深めていること。時事をとりいれながら対話的な授業を行っていること。

1　授業づくりにあたって

　本校は，富山県砺波市にある1学年5学級の普通科高校である。入学当初より全員が4年制大学への進学を志し，国公立大学の現役合格率が約7割と高い。生徒達は，祖父母と同居または近居の生徒が多く，幼いころから大勢の大人に見守られて，のびのびと学習や部活動に励んでいる。高齢者をはじめとする他者との関わりが日常的であることをふまえ，授業でも様々な交流の場面を大切にした。人生100年時代を生きる生徒達に，他者と協働して生きていく態度を育むこと，また他者を理解するとともに自己の理解を深めることを念頭に置いて授業づくりを行った。

2　授業構想

　まず，乳幼児，子育て中の親，障がいを持った人，お年寄りとの交流や疑似体験を通して，自分と異なる立場にある人々の理解に努めると同時に，誕生から老いまでの人生の時間軸の中で現在地を確認させる。時間割の調整や体験に必要な道具を近隣の学校で貸し借りしていることもあり，体験学習を先に行い，その後で，「とやまの高校生ライフプランガイド」[*1]の流れに沿って授業を実施した。多様な価値観にふれられるように時事にも配慮して，タブレットPCを用いた情報収集，映像・印刷資料等を活用した。また，教師の問いかけに，生徒が2人組や4人組で率直に意見交換できる場面を設定し，それを繰り返すことで考えが深まるよう工夫した。それらの活動を通して，生徒が自分の未来を思い描き，社会の一員としてどう生きるかを考えられるよう働きかけた。

3　授業計画

❶　実施校・対象学年
富山県立砺波高等学校・第1学年

❷ 実施時期

2017年7月，9～11月

❸ 学習目標

- 人の一生について，自己と他者，社会の関わりから多様な生き方があることを理解し，社会環境の変化や各ライフステージの生活課題を理解する。　　　　　　　　　　【知識・技能】
- ライフステージの生活課題について，他者との関わりの中で柔軟に思考を深め，その改善策を表現することができる。　　　　　　　　　　　　　　　　　　　　【思考・判断・表現】
- 自己の在り方と向き合うとともに，自分と異なる立場にある人を理解しようとする態度を持ち，様々な人々と協働してよりよい社会を創造しようとする。【主体的に学習に取り組む態度】

❹ 学習構成

　生徒から「実際に体験してみると想像していたのとは違った。」という声をよく耳にするので，限られた時間だが，まず体験を行った。その後は，「とやまの高校生ライフプランガイド」を活用しながらライフイベントをたどり，最後にライフプランを描くという構成で実施した。その際，結婚や出産を誘導することのないように注意を払い，多様な考え方や生き方があることを常に意識させた。

	学習活動	指導上の留意事項	評価規準
ねらい	私たちの人生は常に他者との関わりの中で営まれていることを認識させ，他者との関係を築くには，まず自分を知り認めることが大切であることに気づかせる。また，自分と異なる立場にある人を理解する姿勢や，適切に関わる態度を育成する。		
一次（7時間）	**体験学習** ・保育園訪問（2h） ・赤ちゃんふれあい体験（1h） ・車椅子体験（1h） ・高齢者疑似体験・マタニティ体験・アイマスク体験（2h） ・沐浴体験（1h）	・疑似体験では，短い体験で，その立場にある人を理解できるわけではないことに留意する。どのような声かけがあれば安心，安全かを意識させる。	・体験の際に注意すべき基本的な事項を理解し，安全に効果的に学習ができる。 【知識・技能】
二次（9時間）	**これまで，今，これからのわたし（1h）** ・これまでの自分を振り返り，色や言葉で表現する。 ・高校生の「わたし」について，自分を表す言葉を10個あげる。 ・これまで出会った人の中で，「影響を受けた人」「こんな大人になりたい」と思った人をあげ理由も書く。 ・これからの人生で大切にしたいことを付箋に書きダイヤモンドランキングを行い，グループで発表し合う。	・つらいことは思い出したり人に話したりしなくてよいと告げる。 ・参考例を示すが，それにとらわれず自由に考えるよう促す。 ・1.5×5cmの小さな付箋紙を1人に10枚ずつ用意する。ワークシートに同じ大きさの枠を作っておく。	・ワークシートの課題を通して自分自身と向き合い，発表したり他者の発表を聴いたりしている。 【主体的に学習に取り組む態度】
	働く・暮らす（2h） ・正規雇用，非正規雇用について知る。	・給与明細表の例を比較しながら保険料や	・働く意味について，資料を

二次		・ベーシックインカムについて，調べる。 ・障がい者の就労について，働く意味や就労支援について考える。 ・働く意味について考え発表し合う。	・税金についてもふれる。 ・タブレットPCは2人で1台とする。 ・「虹色のチョーク」*² の一部を紹介する。	もとに考えを深めている。 【思考・判断・表現】
	パートナーと出会う（1h） ・恋愛と結婚の違いについて話し合う。 ・LGBTsのパートナーシップについて知る。 ・結婚する理由，しない理由について考え話し合う。 ・生涯未婚率の上昇について，その理由や問題点について考える。 ・結婚の理想と現実のギャップを解消していく案について話し合う。	・ペアトーク。お金，子育て，責任等の意見が出される。 ・性自認や性的指向についてふれる。 ・グループごとに付箋紙に書き出しながらボードにはり，整理する。 ・男女で求めるものが異なり，それが結婚のハードルになっていることに気づかせる。 ・高校生活で人間関係を大切にしていくことが将来にもつながっていくことを確認する。	・結婚に関する資料の内容を理解し，それらをふまえて課題解決の方法を考え話し合うことができる。【思考・判断・表現】
	いのちを育む（1h） ・子どもを持つことについて話し合う。 ・赤ちゃんポストについての資料を読み，親になることについて考える。 ・肉体的に妊娠に適した時期が，キャリア形成の時期と重なっていることを知る。 ・親から子，子から親の願いについて話し合い，親の思いについて考える。	・ペアトーク ・NHK「クローズアップ現代＋」*³の2分動画を視聴する。 ・人工妊娠中絶や不妊治療のグラフを示す。 ・奇数班は親の立場，偶数班は子の立場で考え，発表し合う。	・子どもを持つことについてのよい点や問題点について理解している。【知識・技能】
	子どもとともに（1h） ・仕事，家事，育児について，自分が望むパートナーとの分担について割合で表す。 ・理想の子どもの数と現実の子どもの数のギャップについて知り，その理由を考える。 ・両性がともに仕事や子育てに取り組める社会について考える。	・5対5，3対7など足して10になるようにさせる。 ・合計特殊出生率や少子化の現状について理解させる。 ・労働時間の短縮，ジェンダーの解消，ワークライフバランス等にふれる。	・両性がともに仕事や子育てに取り組める社会について考え，話し合うことができる。【思考・判断・表現】
	地域の子育てサポーター（1h） ・モデル家族の一日をみながら，子育て家族の生活について考える。 ・タブレットPCを用い，自治体や企業の子育て支援サービスについて調べる。 ・「富山型」デイサービスの理念について知る。	・三世代同居や保育園が充実していることが，富山県の共働き率の高さを支えていることを理解させる。 ・地域のつながりの中で生まれる支え合いが子育てや介護にとても大切であることを理解させる。	・子育て家族に対する社会的な支援の必要性や具体例について理解している。【知識・技能】
	いきいき生きる（2h） ・認知症について理解する。 ・高齢者を取り巻く社会状況を知る。 ・自助，共助，公助の視点をふまえ，家族や地域の支援について考える。	・ロールプレイを行い，認知症の症状や適切な声かけについて理解させる。 ・エイジズムにとらわれず，いきいき生きる視点を大切にさせる。	・自助共助公助の視点から高齢期の在り方を考えることができる。【知識・技能】
三次 （1時間）	わたしたちの未来を創る（1h） ・これまでの学習内容をふまえ，ライフプランの木*³（とやまの高校生ライフプランガイド）に「将来なりたい自分」を描き発表し合う。	・ライフプランの木を育てるために，高校生の今，やっておくことは何かを確認させる。	・これまでの学習をふまえて，自分の在り方を表現している。【主体的に学習に取り組む態度】

4　授業風景

　ここでは，主に二次の前半の授業風景を紹介する。文中のTは教師，Sは生徒を表している。
　これまで，今，これからのわたしでは，まず，幼児，小学生，中学生，高校１年生の自分を表す色を丸い枠に塗るように伝え，机間巡視をしながら生徒に声をかける。T：「小学生のところの上は赤色だけど，下は黒だね。」S：「5．6年生の時，急に反抗的になったんです。今は大人になりました。（笑）」明るい色，暗い色，思い思いに塗っている。T：「次に今の自分を表す言葉を10個書き出してみよう」S：「え～，こんなの誰かに言ってもらわないと，自分じゃわからなくない？」多くの生徒が「私ってどんな人間かなあ」などと，となり同士で話をしながら書いている。4人グループで発表した後，これからの人生で大切にしたいことをダイヤモンドランキングで表す。「トップはやっぱりお金かな？」「友達はお金では買えないでしょ！」「家族じゃない？」などと言いながら，楽しそうにランキングしている。前半とは異なる4人グループをつくり発表し合う。

▲1　タブレットPCを用いて調べる

　働く・暮らすでは　タブレットPCを用いて，ベーシックインカムのメリット，デメリットを調べた後，ベーシックインカムが導入されたら働くかと尋ねたところ，40人のクラスで2人は働かないと答えた。「働かなくても生活費が支給されるのだから働く気が起きない」「子育てに専念したい。」という理由だ。次に，「虹色のチョーク」[*2]という本から，学校で使用しているチョークを作っている会社で働く障がい者の仕事に対する思いにふれ，自分達と共通するところがあることに気づく。
　改めて，なぜ働くのかと問いかけると，「自分の能力や才能を生かし，やりがいを得る。」「人のため社会のために貢献する。」「人間関係を豊かにする。」「最低限の収入ではなく趣味や自分の好きなことに使うお金を稼ぐ。」「ベーシックインカムを保障するために納税の必要があるから働く。」等の意見がだされた。（＊本校は，各教室にPC，プロジェクタ，LANアクセスポイント設置されている。また，職員室にWindowsタブレットが40台配備されており，予約制で活用している。）
　パートナーと出会うでは，身近な恋愛事情から生涯のパートナーに目を向けていく。T：「恋愛と結婚は同じ？それとも違うと思う？」S：「責任。お金。子育て。簡単に別れられない。」T：「ところで，男子と女子で相手に求めるものに違いがあるのかな？」恋愛ではほとんど違いはないが，結婚の場合は経済力や家事能力といった言葉が出てくる。T：「パートナーが同性の場合もあるよね」と切り出し，ここで性自認や性的指向等にふれて「LGBTs」について考える時間を設けた。次に結婚する理由，しない理由について，グループで付箋紙を用いながら考え整理させた。メリット，デメリットと解釈してもよいと告げたが，「結婚したいけ

れどできない」という付箋もある。生涯未婚率が年々増加しているグラフを提示して結婚のハードルとなっていることや解決策について考えさせたところ，結婚は遠い未来のこと，考えたこともなかったという生徒達も，ジェンダーの問題や，高校時代に好きな事に打ち込み，人との関わりを大切にしていくことが将来につながってくことを感じたようだ。

▲2　ボードを用いたグループ学習

　いのちを育むでは，子どもを持つことについて考えた後，親から子への願い，子から親の願いについて話し合った。「両親の仲がよい。暴力を振るわない。」という意見があり，直面している生徒がいるのだと感じた。母親との関係で悩んでいる生徒が，「母はいつも勉強しなさいとしか言わないけれど，本当は健康が一番と思ってくれているのかな。」と書いていた。「自分は家族に不満がないので恵まれているんだと思った。」と書いた生徒もおり，多様な家族があることを感じ合う機会となった。

▲3　ライフプランの木を育てる*3

　その他の授業も，テーマに関連した内閣府，総務省，厚生労働省などの調査結果をグラフで示しながら逆説的に問いかけて思考を揺さぶり，生徒同士が意見交換をしながら進めた。また，タブレットPCやホワイトボード（59cm×41cm）を活用した。「今，考えてもどうせその通りにならないから…」という生徒を想定し，生涯を見通したライフプランは自分の可能性を拡げるものであり，いつでも何度でも見直してよいものだと，折りにふれ伝えることを心がけた。

5　授業の振り返り

　1年間の授業を終えて，「家庭基礎で学んだこと」について自由記述させたところ，ライフプラン学習についてふれた生徒が多くいたので，以下に紹介する。

〈生徒の振り返り〉
- 家庭科は自分のための力を身につけるものだと思っていた。しかし，様々な体験を通して，人のために行動することの重要性を感じ，社会に役立つ自分も必要なのだとわかった。人を「助ける」とは「協力すること」だと気づかされた。
- 学んだことは，1つ目は，人の意見を聞くことや自分の意見を伝えることによって，様々な課題に対して深く考えられるということだ。自分の意見に賛成や反対の意見を言ってくれる人がいて，課題を様々な方向から考えることができた。2つ目は，同じクラスの仲間と協力することだ。3つ目は，自分のことをよく知ることができたことだ。将来のことなど，普段は考えたこともないようなことを考えさせられ，自分がいかに自分自身をわかっていないか痛感した。自分のことを知る機会になり目標をつくるきっかけになった。これからも様々な壁にぶつかっていくと思うが，どんなことでも挑戦し，失敗と成功を繰り返していこうと思う。
- 家庭基礎の学習を通して，私は大きく変わった。入学したときの私はとてもすさんでいたように思う。一人の方が気楽でいいし，将来は結婚しない，子どももいらないと思っていた。でも授業を重ねる度に，人と関わることが楽しくなっていった。一番私を変えたのは，保育所訪問だった。それ以来，自分で子どもを産んで子育てをして家庭を築いくことにあこがれを持ち始めた。そこから私は，もっともっと将来のことを考えていきたいと思うようになった。授業で人と向き合い自分をより人間らしくすることができた。中学の頃の人間不信の私から変わることができた。これからの日々成長していきたい。

生徒の振り返りから，自分自身と向き合いながらこれからの生き方について考え，他者と協力・協働して物事に取り組んでいこうとする素地が身についたのではないかと考える。ただ，正解のない領域なので個々の到達点がわかりにくく，適切な評価の在り方が今後の課題である。

〈参考資料〉
＊1　「とやまの高校生ライフプランガイド」，富山県教育委員会，2015
＊2　小松成美「虹色のチョーク」幻冬舎，2017
＊3　NHKクローズアップ現代2分間動画

6　授業の読み解き

❶　体験をどういかすか

　本授業のはじめに，高齢者，アイマスク，車椅子，マタニティ，沐浴等の疑似体験や，保育所訪問，親子を学校に招く赤ちゃんふれあい体験等を行っている。家庭基礎2単位の授業時数の中で，これらの体験を取り入れるのは容易なことではない。永井先生はこれまでの勤務校でも，学校の実情に応じて物的・人的・経済的資源を活用しながら，これらの体験活動ができるシステムを構築してきた（詳細は「パワーアップ！ 家庭科」（大修館）に載録）。先生は「体験で（生徒に）スイッチが入る」と言う。たとえば，マタニティや沐浴の疑似体験をすることで，赤ちゃんを大事に抱っこしようとしたり，親一人で乳児をケアしたりすることが，まして他のきょうだいがいたらいかに大変かがわかる。そして，学校に招待した親子とのふれあいのときに，母親から「一人で子ども二人をお風呂に入れている」と聞き，「自分は早く帰れるようにしたい」「早く退社できる会社でないと…」と自分の将来や社会の課題を考えるようになる。体験することにより実感をともなった理解となり，自分のこととして考えるようになる。体験が，高校生の「今」と「将来」をつなぐ役割を果たしている。

❷　徳目主義道徳教育にならないために

　教室での学習では，生徒にとって新しい知識である時事（ベーシックインカムや赤ちゃんポストなど）や図表，映像，意見交換などにより多様な価値観に触れられるようにしている。上述の体験活動による様々な人との出会いも，自分とは異なる立場にある人を理解したり，考え方を耕したりする機会となっている。また，調査データを示しながら逆説的に問いかけて思考を揺さぶり，生徒同士が意見交換をしながら考えを深めていくように進めている。その際には，3❹や4に書かれているように，結婚や出産を誘導することのないように注意を払い，多様な考え方や生き方があることや，ライフプランの修正を繰り返して自分の人生を創っていくこと，現在の自分とつながっていることを常に意識させている。また，県からの要請で「とやまの高校生ライフプランガイド」を作成したときも，1つの生き方や出産を強要するような内容にならないように自戒して取り組んだと述べている。このような先生の意識が反映された授業であったことは，生徒の振り返りからもわかるだろう。

（授業者：永井敏美／読み解き：綿引伴子）

| 授業8 | リスクについて考える |

対象校種・学年：中学校　第3学年，高等学校　第3学年
指導要領との対応：【中学校】　A（1）ア　自分の成長と家族や家庭生活との関わり　B衣食住の生活　C消費生活環境　【高等学校】（1）イ　発達と環境　（3）ウ　乳幼児の健康管理と事故防止　（4）ウ　保育の環境　（5）イ　子育て支援
題材のおすすめポイント：予測困難な時代を主体的に生きるために，中高一貫校である本校の特徴を生かし，"リスクマネジメント" という観点を取り入れ，"リスクについて考える" という一つの題材を，中学校・高等学校それぞれの授業で展開する教育実践を試みた。

1　授業づくりにあたって

　現在の子ども，そしてこれから誕生する子どもたちが社会で活躍するころには，予測困難な時代を迎えると予測される。少子高齢社会の進行やグローバル化の進展，AIなどの絶え間ない技術革新など，社会の構造や雇用の環境は急速に大きく変化し，厳しい時代となっていくだろう。
　本授業は，リスクに関するアンケート調査(注1)をヒントに，リスクマネジメントという観点を取り入れた題材を設定し，起こり得るさまざまなリスクに対して，回避するための知識や判断力を養うことを目指した。同時に，中高一貫校である本校の特徴を生かし，一つの題材を，中学校・高等学校において展開することで，縦（中高）と横（分野別）のつながりのヒントを得たいと考えた。

2　授業構想

　予測困難な時代を生き抜くためには，人生にはさまざまなリスクに遭遇する可能性があることに気付くことが大切である。中学校では，自分を取り巻く環境のリスクを理解することに重点を置き，人生設計とあわせて取り組んだ。起こり得るリスクをイメージし，リスクを回避することを通して，自立し共に生きる生活を創造する力へつなげることを目標にした。
　高等学校では，進路への目的意識が明確になりつつある高校3年生「保育」選択者を対象に，将来に向けたキャリア教育と子どもを取り巻く環境に対するリスク理解をあわせて組み立てた。リスクを知り，具体的な対処方法を学ぶことを通して，自分だけではなく家族や社会との関連の中でより深く理解し，積極的に自分と社会のあり方に関心を持つことを目標とした。

同一題材であっても"どのように物事を捉え，思考していくのか"という視点や考え方の工夫により，発達段階に併せて視野を広げる教材となるように構想した。家族・家庭，衣食住・消費生活・環境の分野など，すべてを包括することを意識しつつ，トピック学習的要素も取り入れ組み立てた。

3　授業計画（中学校）

❶　実施校・対象学年
東京家政大学附属女子中学校・第3学年

❷　実施時期
2018年4月17日〜6月12日

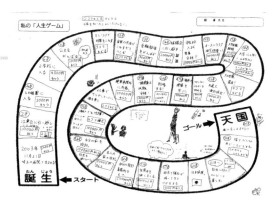

人生ゲームの作成

❸　学習目標
・人生には，リスクを含むライフイベントがあることを知る。　　　　　　　【知識・技能】
・人生ゲームの作成を通し生活全般に目を向け，"生活上のリスク"についての課題を発見することができる。　　　　　　　　　　　　　　　　　　　　　【主体的に学習に取り組む態度】
・グループで，自分の意見を出し，積極的に話し合いに参加しながら，課題解決の方向性を探り，課題解決に向けた考えを発表する。　　　　　　　　　　　　　　【思考・判断・表現】

❹　学習構成
　本題材は，7時間構成である。第一次では，人生には，リスクを含むライフイベントがあることに気づかせた。第二次では，自分のこととして捉えられるように，私流の人生ゲームを作成した。第三次では，私流の人生ゲームの中から，一番興味関心のあるリスクを選び，発表の準備をした。第四次では，班の中での個人発表と代表者による全体発表を行った。

	学習活動	指導上の留意事項	評価規準
ねらい 将来，自分で生きていく際，直面するかもしれない生活上のリスクの種類や対処法について理解させ，生涯にわたって自立し，共に生きる生活を創造する態度を育成する。			
一次（1時間）	自分の人生をデザインする。 〜人生ゲームで楽しもう〜 ・人生におけるライフイベントをイメージする。	人生を俯瞰的に見る視点に気付くように，市販の人生ゲームを導入に使い，これからの人生を考える。	人生には，リスクを含むライフイベントがあることに気づく。【知識・技能】

二次（2時間）	自分の人生をデザインする。 〜私流「人生ゲーム」を作成しよう〜 ・リスクを含むライフイベントを自分の人生に当てはめて，考える。	リスクを含むライフイベントを自分のこととして捉えるように，私流「人生ゲーム」を作成させる。	人生には，リスクを含むライフイベントがあることを理解し，自分に起こり得る事として捉え，ゲームを作成することができる。【主体的に学習に取り組む態度】【知識・技能】
三次（2時間）	自分の人生をデザインする。 〜人生，山あり谷あり「生活上のリスクとは何か」を知ろう〜 ・興味・関心を持った「生活上のリスク」について調べる。	探求する力を養うために，私流「人生ゲーム」の中から，興味・関心のあるリスクを選び，調べさせる。	生活上のリスクについて理解し，課題を発見する。 【思考・判断・表現】
四次（2時間）	自分の人生をデザインする。 〜「人生，山あり谷あり」を切り拓こう〜 ①生活上のリスクについて，KP法(注2)による個人発表 ②生活上のリスクについて班の代表者による全体発表 ③発表を通して，自立し共に生きる生活を創造する。	生活上のリスクに対する対応や回避方法について自分の考えをまとめさせる。 発表する力をつけるために，調べたことをKP法でまとめさせる。 今後のリスクマネジメントに生かす姿勢を養うために，全体発表とする。	リスクに対する，対応や回避方法を検討し，わかりやすくまとめる。 【知識・技能】 自分の意見や考えを，わかりやすく発表することができる。 発表を聞き，疑問点を質問できる。 【思考・判断・表現】

4 授業風景

❶ 私の人生ゲーム作成を通した課題の発見

　人生ゲーム(注3)作成は，楽しみながら俯瞰的に人生を見ることができる教材として導入した。生徒からは，「人生にはいろんなことがあることが分かった」「人生には，様々なリスクが起こることがあることを知った」「ただ暮らしているだけでも，リスクとは常に隣り合わせなのだと感じた」など，人生におけるさまざまなライフイベントを知ることにより，今後の人生を想像することができた。また，それぞれが個性豊かに自分の人生をイメージしながら，人生には，さまざまなリスクが起こりうる可能性があることを理解し，課題の発見へとつなげる様子がみられた。

❷ グループ内発表・討論／班の代表者による全体発表

　生徒が取り上げた課題は，自然災害・事故・健康・情報・環境・家族・衣食住など，生活全般にわたっていた。人生の中で"健康"の観点から課題を見つけたとしても，題材への視点や調べる切り口の違いにより，「食と健康」「食糧問題」「年金と保険」「病気」「環境」など，それぞれがまとめたKPシートはバラエティーに富んでいた。

　KPシートに記載したことに基づいて発表した。「リスクに遭わないための対策がちゃんと

あることを知った」「思考の仕方が広がった」「たくさんの情報を得ることが大切だと分かった」など，情報の大切さや対策の必要性が理解できたという感想が多く上げられた。また，「将来，年金のリスクについても考え，職業選択をしようと思った」「病気のリスクを考え，規則正しい生活をしようと思う」「地球温暖化が環境に与える影響を知り，自分や自分の家族の将来を考え，具体的に実践しようと思った」などの感想からは，1・2年生で学習した「衣食住の生活」や「消費生活・環境」における知識をもとに，課題に対する見方・考え方を働かせる場面を設定していたことがうかがわれた。

5　授業計画（高等学校）

❶　実施校・対象学年
東京家政大学附属女子高等学校・第3学年

❷　実施時期
2018年4月26日～6月28日

❸　学習目標
・新聞記事を通して，子どもを取り巻く環境や子どもに関する社会の動きを知る。

【知識・技能】

・子どもの現状を理解し，環境とリスクについて，課題を発見する。　【思考・判断・表現】
・課題に関して，解決の方向性を探り，課題解決に向けた考えを発表する。

【思考・判断・表現】

・起こり得るリスクの危険性を体感し，対処方法を知る。　【主体的に学習に取り組む態度】

❹　学習構成

　本題材は7時間構成とした。第一次では，日々の生活から課題を見つけるために，新聞記事を活用した。第二次では，子どもを取り巻く環境とリスクの中から，一番興味関心のある課題を選び，発表の準備をした。第三次では，班の中での個人発表と班の代表者による全体発表を行った。第四次では，実習を通して，子どもに起こり得る危険性（リスク）を体感した。

学習活動	指導上の留意事項	評価規準

ねらい
子どもを取り巻く環境を理解するとともに，合理的かつ創造的に解決する力をつける。保育者（保育士・幼稚園教諭）としてのキャリア形成に向けて，保育に主体的かつ協働的に取り組む態度を育成する。

一次（2時間）	子どもを取り巻く環境とリスク 〜社会に目を向けよう〜 新聞から見えてくる子どもを取り巻く環境のリスクについて，グループ内個人発表とグループの代表者の全体発表をする。	日々の生活から課題を見つけるために，毎日，新聞記事に目を通すことを課題とする。	子どもに関係するニュースが多く，子どもを取り巻く環境には課題があることに気づく。【知識・技能】
二次（2時間）	子どもを取り巻く環境とリスク 〜子どものいのち・健康・安全を守ろう①〜 ・子どもを取り巻く環境のリスクを想起させ，発表準備をする。	大人の役割を理解させるために，リスクとその対応を整理する。 子どもを取り巻く環境のリスクと対応を整理させ，課題テーマへとつなげる。	子どもを取り巻く環境を理解し，保育者としてのあり方を知るとともに，子どもを取り巻く環境の課題をまとめ，次時のテーマ研究の準備をする。【思考・判断・表現】
三次（2時間）	子どもを取り巻く環境とリスク 〜リスクを知り，対策を考えよう〜 ・子どもを取り巻く環境とリスクについて，ＫＰ法にまとめ個人で発表する。 ・子どもを取り巻く環境とリスクについて，グループの代表者による発表を行う。	探求する力を養うために，絞った課題（リスク）について，その対応や回避方法について調べさせる。発表する力をつけるために，調べたことをＫＰ法でまとめさせる。	課題（リスク）に対する，解決方法を検討し，わかりやすくまとめ，発表する。【思考・判断・表現】 発表を聞き，疑問点を質問できる。【思考・判断・表現】
四次（1時間）	子どもを取り巻く環境とリスク 〜子どものいのち・健康・安全を守ろう②（健康管理と事故防止）〜 ・実習を通し，子どもに起こり得る危険性を体感する。	リスクへの関心を高めるために，誤飲チェック・子ども眼鏡の実習を行う。 実習を通して，将来子どもを守る保育者（大人）としてのマネジメントに生かそうとする姿勢を養う。	実習を通して，子どもの身体的機能・行動範囲・認知能力を理解する。【知識・技能】 子どもに起こりうる危険を体感することで，保育者としての姿勢を学び，実践につなげる。【主体的に学習に取り組む態度】

6 授業風景

❶ 社会に目を向けよう（新聞記事を通して，課題を見つける）

　生活の課題を発見するために，毎日，新聞を読み，「今週の一番気になる記事」を探す課題に取り組ませた。回数を重ねるごとに，話題性のある記事だけでなく，子どもを取り巻く環境に目を向け，問題となっている背景や理由が掲載してある記事を選ぶようになった。その記事を，班の中で話し合い，クラスの全員に発表したい記事（話題）を選択した。新聞発表を続けることで，「子どものニュースや記事にすぐに目が行くようになった。」「子どもを育てることは，大人の責任である。」「子どもを育てる環境づくりは，社会全体で取り組むべきことだ」という感想が増えた。

❷ グループ内発表・討論／班の代表者による全体発表

　生徒は，子どもたちの周りには多くのリスクがあることを，自分の体験（新聞記事を探す）から理解し，課題としてあげていた。その中から，一番興味のあるリスクについて調べ，ＫＰシートにまとめ，班の中で発表した。新聞発表同様に，班の中で話し合い，クラス全員に知ってもらいたい内容を選び，ＫＰ法によるプレゼンテーションを行った。授業回数を重ねるごとに，班での話し合いがスムーズになり，活発な意見が出るようになった。また，人前で発表することにも抵抗がなくなり，自分の言葉で伝える様子がみえた。

❸ まとめと実習

　子どもを取り巻く環境のリスクとして，生徒は待機児童問題や不登校・いじめ，虐待・誘拐などの犯罪，子どもの事故（おもちゃ・溺死・誤飲・交通事故等），食物アレルギー・感染症をあげていた。子どもの事故についての発表があったこともあり，誤飲チェッカーによる誤飲チェックと子ども眼鏡による死角チェックを行った。実習を通し，子どもに起こりうる危険性を体感していた。

　感想からは，「リスクは知っていたが，対策は知らなかった」「予想しておけば，対応ができる」等，リスクに対応する必要性を理解するとともに，子どものために「学んだことを生かしたい」「自分にできることしたい」など，保育者としての視点からの感想が多くあった。リスクの背景には，「大人がいることを知った」「大人の力が必要だと分かった」という大人の役割を再認識するとともに，「子どもと関わる上で必ず必要な知識である」など，自分の将来へつなげていた。

新聞記事の班の発表（個人）　　"リスクについて"の班代表者の発表　　誤飲チェッカー・子ども眼鏡の実習

7　授業の振り返り

❶ 中高一貫校としての取り組み

　同一題材である「リスクについて考える」という視点での授業展開は，生徒が課題としたＫＰシートの取り組みから，今まで家庭科の授業で学んだ「衣食住・家族・保育・消費・環境」などの分野別の知識を，相互に関連させ，自分の生活や将来と結び付けて考えられることが確認できた。以下，中学校・高等学校別に授業を振り返る。

【中学校】
　課題発見の場面では，自分が一番，興味を持ったリスクを選び題材に取り組んだ。生涯に渡るリスクに関して，様々な分野に興味を持たせることができた。授業後の感想には，「危険だと分かっていながらも，自分とは関係ないと思っていた」「自分が思っていたよりも，たくさんのリスクがあると思った」「リスクを避けることは難しいが，対応を学べてよかった」「将来の生活に生かしたい」という内容が多く，様々なリスクが起こり得る可能性に気づかせることもできた。班の代表者の発表としたが，クラス全員の発表を聞きたかったという意見もあった。全員の発表を聞くことにより，多くの課題を知る機会となるが，週１時間の中では，今回の時間配当が最大の時間配分であった。３年生を対象としたことにより，１・２年で学んだ分野別の学習を，総合的に繋げることができた。

【高等学校】
　生活の課題を発見する作業として，新聞記事を通して，現代の子どもを取り巻く環境には，課題や問題が多いことを読み取ることができた。新聞記事の活用は，現在，話題となっている社会問題をいち早く具体的に掴むためには，有効な方法であった。高３「保育」の授業選択者であることから，将来の目標・進路が明確になってきている。その中で，より具体的な職業意識のもと，リスクについての題材を選び，課題解決に向けた取り組みができた。

　生徒の取り上げた「子どもの事故」から，実際に誤飲チェックと子ども眼鏡による死角チェックを行った。実際に体感することで，子どもの視点で物事を捉え，より安全に対する重要性に気づかせることができた。今後も知識と実践力（適切に対処する力）を合わせることができるような題材を扱っていきたい。

❷　今後の課題
　中学校・高等学校での「リスクを考える」を題材とした授業展開は，発達段階に併せた視野の広がりとともに，家庭科で学んだ分野別の学びを総合的に繋ぐ学習としての効果を感じた。今後は，今回の技術・家庭科と選択保育での実践を，家庭基礎や保育以外の選択科目にも取り入れ，今までの学びを包括的に捉え，主体的に社会に参画する力を養うことに繋げていきたい。

注１）東京家政大学教授　青木幸子先生の「"リスク"に関するアンケート調査」を附属中高で実施した。
注２）ＫＰ法とは，川嶋直氏考案の紙芝居（Ｋ）を使ったプレゼンテーション（Ｐ）法である。
注３）自己表現ワークシートより（図書文化社）

8　授業の読み解き

❶　トピック学習としての題材構成と新学習指導要領との関連性
　本題材は「リスク」という視点から生活の営みにアプローチし，生活を総合的に把握させる

取り組みであり，従来の家庭科の分野別のアプローチとは異なる切り口で構成されているところに特徴がある。英国に起源を持つトピック学習は，生徒の興味・関心に基づく自発的な学習活動を重視し，生徒の認識の過程を大切にする学びを特色としている。新学習指導要領では，生活の営みに係る見方・考え方として「協力・協働」「健康・快適・安全」「生活文化の継承・創造」「持続可能な社会の構築」等が，学びを深める視点として示された。本題材は，「リスク」の視点からのアプローチである。

❷ 同一題材による生徒の認識視野の拡大と学習内容の定着

人生はさまざまなリスクに遭遇する危険性と背中合わせにある。そのリスクに関するマネジメント力を高めることは，個人はもとより地域社会の取り組みとしても必要であり，近年その重要性が高まっている。中・高一貫校としての特徴を生かし，共通の題材を設定することで，発達段階に応じた学習課題の設定により視野の拡大とともに学習内容の定着を図り，リスクに対する認識を総体的に高めていくことができる。

中学校では自分の人生を見据えて関心のあるリスクを選び，探究活動とグループ学習により課題解決策を検討し，KP法で発表という流れで授業は展開する。中学生は地球温暖化，年金，自然災害，自転車事故，海外旅行，健康問題など多岐にわたるリスクに関心を持って学習を進めている。

高校では選択科目としてキャリア形成の観点も織り込んだ保育者としての視点から，広く社会における子どもを取り巻く環境について新聞記事に着目させることからスタートしている。生徒は記事と向き合うことで，子どもが遭遇するリスクに緊迫感をもち，リスクの背景にある原因にも心を寄せ，実感を持って理解することができる。高校生が関心を持ったリスクは，食物アレルギー，感染症・誤飲，虐待，待機児童問題など，保育者の立場とともに，親として大人としての対応に関心が高かった。

両授業においてリスクを身近に感じさせるため，教師は，中学校は自分自身の課題として，高校は社会の出来事に目を向けさせている。学習題材との距離を縮め学習意欲を喚起している。それは生徒の学習意欲の継続と主体的・対話的な学びを活性化させ，学習に対する達成感をもたらした。

そのため「課題発見への意欲」「協働での学び」「関連付けて物事を考える視野の広さ」は，中学生・高校生に共通に，そのほか「総合力」「コミュニケーション力」「分析力」などにも生徒の変化の兆しや能力の習得が見られたと教師は評価している。今回明らかになった課題については，より生徒の深い学びを実現することができるよう改善を期待したい。

（授業者：崇田友江・鮫島奈津子／読み解き：青木幸子）

授業9　じょうずに使おうお金と物
～持続可能な社会の実現に向けて，自分にできることを考えよう～

対象校種・学年：小学校　第5学年
学習指導要領との対応：内容A（4）家族・家庭生活についての課題と実践，C（1）物や金銭の使い方と買物　（2）環境に配慮した生活
題材のおすすめポイント：身近なチョコレートの選び方を用いて，自分と社会・世界とのつながりに気付かせたり，食品ロスに関して意識と行動の矛盾点を示し，当たり前を問い直すきっかけをつくったりするなど，持続可能な消費行動を選択する消費者の素地を養う。

1　授業づくりにあたって

　私たちは生まれてから死んだ後までも消費者であり，様々な物やサービスにお金を払って生活している。しかし，それらの消費行動は明確な価値基準を持たない場合もあり，主体的であるとは言い難い場合もある。このような状況にあって，今日では，持続可能な社会の実現を目指すために，主体的に生きる消費者としての態度を育成することが求められている。

　本題材では，お金と物に対する意識や行動を「食品ロス」に焦点を当て自分の生活から振り返り，明確な価値基準を持って次世代の社会を意識した「持続可能な消費行動」を選択できる消費者の素地を養うことを目的としている。

　本題材の実践におけるESDの視点は，①「熊本県の目指す消費者の姿（熊本県消費者教育推進計画，2015～2018年度）」，②「持続可能な社会づくりの構成概念」，③「ESDの視点に立った学習指導で重視する能力・態度」（「学校における持続可能な発展のための教育（ESD）に関する研究（国立教育政策研究所，2012）」及び④「消費者教育の体系イメージマップ（消費者庁，2013）」を参考に「批判性・関連性・参画性」の3つの視点【表1】に定義した。

表1　本実践における3つのESDの視点

	批判性	関連性	参画性
熊本県消費者教育推進計画	気づく	考える	行動する
持続可能な社会づくりの構成概念	有限性 公平性	多様性 相互性 連携性	責任性
ESDの視点に立った学習指導で重視する能力・態度	批判	多面　関連	未来　伝達 協力　参加
消費者教育の体系イメージマップ	消費者問題	消費の影響力 消費と金銭の関係 生活と環境	持続可能な消費 消費者の協働・参画

2 授業構想

　本校は，熊本市に隣接しており，同じ町内にある大型ショッピングモールで買物をすることは，児童にとって日常の風景となっている。事前のアンケート結果からは「持続可能な社会」と「消費・買物」は結び付いておらず，環境配慮行動の必要性を頭では理解しているものの，実際の消費行動とはずれがあると分かった。

　以上の実態から，3つのESDの視点である【批判：批判性を持ち，自分自身の生活を見直す】→【関連：「人・もの・こと」の関連性を想像し，問題を認識する】→【参画：問題解決に向けた計画を立て，実践し，参画の意識を高める】の能力・態度を重視した問題解決的な学習を構想した。
（1）身近なチョコレートの選び方を用いて，自分と社会・世界とのつながりに気付かせる。
（2）食品ロスに関して，意識と行動の矛盾を示し，当たり前を問い直すきっかけをつくる。
（3）学んだことがすぐ実践できるように，模擬買物の場面を設定する。
（4）2年間の家庭科を通して「持続可能な社会」に向けて自分のできることを見つけようというテーマを共有する。

3 授業計画

❶ 実施校・対象学年
熊本県菊陽町立武蔵ケ丘北小学校・第5学年

❷ 実施時期
2015年7月中旬

❸ 学習目標
・持続可能な社会の実現を視野に入れた物の選び方や買い方ができる。　　　　【知識・技能】
・持続可能な社会に向けて自分にできることを考え，実践する。　　　【思考・判断・表現】
・行動することで持続可能な社会が実現するという思いを持つ。

【主体的に学習に取り組む態度】

❹ 学習構成
　児童の主体的な学びを可能にするために，縦軸を私的領域から公的領域まで学習の視野を捉える空間軸として，横軸を学習の深まりを捉える学習過程の軸として学びの構造図を作成し，【批判→関連→参画】の能力・態度を重視した問題解決学習を構成した。

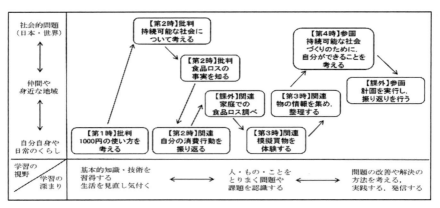

図1 本題材の学びの構造図[*1]

表2 題材指導計画

		学習活動	主な評価基準	ESDの視点
ガイダンス	1	○1,000円の使い道を考え,金銭の使い方に関心を持つ。	・金銭の価値に気付き,その使い方に関心を持っている。【学】	《批》チョコレート製造にかかわる子どもたちの実態 《関》お金は社会を動かす力に 《参》「寄付」というお金の使い方
問題に気付く	2	○持続可能な社会について考える。 ○食品ロスの事実を知り,自分の消費行動を振り返る。	・食品ロスの事実と自分の消費行動との関連に気付き,問題を見いだしている。【思】	《批》賞味(消費)期限の長い商品を選ぶことは「いい買物?」 《関》「個人→家庭→社会→世界・未来」のつながり 《参》買物は人気投票
	課外	○家庭での食品ロスについて調べる。	・家庭での食品ロスについて関心を持ち,調べている。【思】	《関》自分の家庭の食品ロス調べ
情報収集情報を検討	3	○模擬買物を体験し,購入しようとする物の情報を集め,整理する。 ○いろいろな物の情報を知り,物を選ぶ視点は多様であることを理解する。	・購入しようとする物の情報を集め,整理することができる。【知】 ・物を選ぶ視点は多様にあり,目的や選ぶ人の価値観に応じて変わることを理解する。【知】	《批》商品を選ぶための視点は複数(値段だけではない) リサイクルできるもの 《関》容器・包装への視点 《参》正しい知識をもって商品選び
課題設定計画	4	○持続可能な社会づくりのために,自分ができることを考え,計画を立てる。	・持続可能な社会づくりのために,できることを考え,自分なりの計画を立てている。【思】	《関》お金は社会を動かす力に寄付につながる商品購入後のお金の流れ 《参》持続可能な社会につながる行動計画
振り返り実行	課外	○計画を実行し,振り返りを行う。	・自分なりに工夫して計画を実行し,振り返りを行っている。【学】	《関》「個人→家庭→社会→世界・未来」のつながり 《参》持続可能な社会につながる行動の実践

4　授業風景

❶　そもそもお金の使い方は人それぞれ

第1時ではまず，2年間の家庭科を「消費者の視点で学ぶ」ことのスタートとして，そもそもお金の使い方は人それぞれであり，その人のものの見方・考え方が表れることを実感する活動を行った。「もし1,000円あったらどうする？」と発問し，実物の100円玉10枚を用いて「必要な物」「欲しい物」「貯金」「寄付（募金）」

【図2　1,000円の使い方を考える児童】

の4つに分け，その理由を交流した。金額は子どもが手にするまとまったお金（お年玉等）を想定し，1,000円とした。多くの児童が「寄付（募金）」にお金を入れる中で「自分のためになるか分からないから入れない」という素直な児童Fの考えを紹介した。お金の使い方に関して，絶対に正しい答えが一つあるわけではなく，多様な価値観があると気付く場となった。

❷　チョコレートを通してつながる自分と社会・世界

「お金には社会を動かす力がある」ことを知るために，2種類のチョコレート（A：普通の商品　B：カカオを採る子どもたちの支援を行う取組が箱に記載されている商品）を比較し，どちらを買うのか考えた。以下，授業者（T）と児童（C）のやりとりを示す。

```
T：（2種類のチョコレートを提示し）どっち買う？
C：いつも食べてるチョコだ！　私，A買う。Bよりも大きくて安い。
C：Bを買ったら，子どもたちを助けられる。（児童が一斉にBの箱を見る）
T：チョコの原料，カカオは，誰が採ってるんだろう？
C：…（無言）
T：カカオはこんな感じで採られているよ。（カカオ畑で働く子どもの写真を提示）
C：カカオの実を手に乗せて割ってる…危ないよね，けがするよね。
T：実は，みんなと同じくらいかもっと小さな子どもたちが働いて，チョコレートはできています。だから（Bを指して）こんな取組があるんだね。
```

身近なチョコレートの製造に関わる子どもたちの実態について初めて知った児童が多かった。また，商品（チョコレート）を通じて自分と社会・世界がつながっていることを実感し，選ぶ商品で「寄付（募金）」につながる商品があるという新たな価値に出合うことができた。

児童労働の事実を知った前述の児童Fは「寄付」について，授業終了時には「自分のためにならなくても，やってみる価値はある」と綴っている。

❸　賞味期限の長い商品を選ぶことが「いい買物」？

第2時ではまず，これから家庭科の授業を通じて追求していく「世界の人々も未来の人々も幸せな社会（持続可能な社会）」とは具体的にどんな社会なのかを考えた。戦争がなく平和な社会，ごはんが毎日食べられる社会，人が生まれて命が受け継がれていく社会等，「持続可能」

という概念を，授業者と児童とのキーワードにした。そんな社会は「意識すればできるのか？」と発問し「行動しないと変わらない」という思いを共有した。そこで前時のチョコレートの選び方を生かし，持続可能な社会へのアプローチの方法のひとつとして「買物」を提案した。

次に，普段の買物を振り返る視点として「牛乳の買い方」について考えた。

```
T：みんないつも，牛乳をどんなふうに選んでる？
C：賞味期限見て，後ろから取ってる。お母さんが言いよった。
T：「賞味期限が長いのを選ぶのは当たり前！いつもそう！」という人は？
C：（ほとんどの児童が挙手）
T：「お家の人もそう！」っていう人は？
C：（ほとんどの児童が挙手）
```

「賞味期限の長い牛乳を選んで買う＝正しい買物」として価値が形成されている実態が見えた。そこで「食品ロス」の問題に出合わせた。日本の食品ロスは世界の食料支援の約２倍であることを知り，具体的に家庭・飲食店・お店・食品メーカーのそれぞれの場で，どうして大量に捨てられるのかを想像する活動を行った。また，食品ロスの半数は家庭から出ることも伝え，その事実を確認するために，家庭での食品ロス調べを行うことにした。児童は各家庭で食品ロスの現実を実感しながらも「買った物は手前に置いてなるべく早く使う」等，具体的な行動まで考える児童もいた。

❹ 何見て決める？ 商品の選び方

第３時では，５年生で行う調理実習の材料（ハム・味噌等）を購入するときの場面を想定し，模擬買物を行った。各班に同種の商品を，それぞれ３種類用意した。基本的に「一般に広く流通している商品」と「持続可能な社会を意識した商品」を準備し，「買物は社会的投票権である」という事実を意思決定の場面（買物）を通して実感できるようにした。

児童の振り返りには「無添加だけど値段が高い。安全なものがいいけれど，お金がないときはどうするのかな」など素朴な疑問も綴られ，新しいものの見方を育む一助となった。

5　授業の振り返り

❶　成果

（１）批判性・関連性　自分と社会・世界とのつながりを実感したことで「寄付」に対する考えが深まった。当たり前を問い直す活動を通して，自分たちの消費行動が社会問題を引き起こしているという実感につながっていた。

（２）参画性　限られたお金の分配について「社会や未来のために使う」という選択肢を持つことができる児童が増加した。また，持続可能な社会につながる消費行動を保護者に提案す

る児童も見られた。

❷ 今後の課題

（1）テーマの詰め込み過ぎ　2年間の小学校家庭科の基盤にしたい「消費」に対する見方・考え方を育む題材として，扱う内容の精選が必要である。

（2）授業者の意図が強すぎる　「持続可能な社会に貢献する消費」という価値を押し付けすぎてはいないかという懸念もある。

*1　参考文献　荒井紀子：生活主体を育む―未来を拓く家庭科―（ドメス出版，2005）

6　授業の読み解き

❶ 葛藤から揺さぶる子どもの価値

　本題材は，子どもの無自覚な消費行動を自覚させるための仕掛けを工夫し，問題状況への気づきを促そうとする授業である。子どもが「当たり前」だと感じていたり，無意識にとっていたりする行動に注目し，その意味を問い直し，葛藤させることで価値を揺さぶろうとしている。授業者は，子どもにとって「当たり前」だった消費行動がもたらす影響について知ることで，子どもが社会（世界）とのつながりを意識していくことを期待していると考える。

　揺さぶられた子どもの価値の変容を，本題材の後の学習において収束させることも可能であろう。例えば，調理実習で使う食材を選ぶ際，子どもが葛藤する場面を丁寧に捉え，本題材と結びつけるような展開である。

　しかし，本題材は授業者自身が課題として挙げているように総花的な印象も受ける。授業者が意図した「仕掛け」によってテーマが組み込まれているため，授業の連続性が弱く子どもの生活実態との接点が見えにくい。

　問題解決的な展開を目指すのであれば，場面設定や課題そのものを子どもの事実とつなげることで，子ども自身の当事者意識や切実感と結び付けたいところである。そのためには，子どもの生活実態や関心に合わせてテーマを絞り込んで深めたり，他の学習内容と組み合わせて展開したりすることで，子ども自身の生活感覚に近づける必要があるだろう。

❷ 夏休みの活用

　本題材は7月中旬の実践であるが，終盤の「課外」を夏休みに充て，計画を実行するなど長期的な実践場面を組み込むことも可能であろう。夏休み明けに，実践の振り返りを共有する時間を設定することで，新たな課題に結びつけ，その後の学習に反映させることもできる。

　長期の休みは，家庭実践の貴重な機会でもある。生活体験が乏しく，個人差も大きくなっている状況を踏まえれば，5年生の1学期に学んだことを夏休みに家庭で実践し，その共通体験に基づいた学習を設定することで，リアリティのある展開が期待できる。

（授業者：清永康代／読み解き：鈴木真由子）

おわりに
家庭科のこれからを展望して

　ここまで，2016年に実施した全国調査，そこから導かれた4つの視点，そして，それらを具体的に学習課題として展開する授業実践を紹介してきた。調査に協力いただいた全国の高校生，社会人，日々新しい家庭科をつくり続けている先生方をはじめ，多くの人の知見や経験，家庭科への希望が詰まっている。家庭科に関わるたくさんの人たちの協力によってつくられた本書は，家庭科の今という時代の証言としても貴重なものである。

　調査結果とそれに続く理論編では，子どもの発達段階に応じて行われる家庭科が子どもたちの自立を促し，くらしを支える大きな力の一つとなっていること，より良い生活を実現させていくには，家庭科教育の更なる発展・充実が必要であることが明らかにされている。授業実践からは，生きる力を育む本質を学ばせながら，なお，家庭科はこれほど楽しいものであることが生き生きと伝えられている。改めて，家庭科をもっと多く子どもたちに届けたいと願う。

　教科の充実を求めていくためにはエビデンスが必要とされる。家庭科の場合，2つの異なる意味合いをもつエビデンスが求められる。1つは，家庭科の学習が子どもたちにもたらす「成果」についてであり，もう1つは，授業時間が確保できればもっとできる，現状では本来もっている力を十分に発揮できていないというエビデンスである。本書は，この2つのエビデンスを様々なかたちで示すものにもなっている。回答者の多くがもっと学びたい，学びたかったといい，生活の中で役立つ学習であることを実感し，しかも家庭科の効果は人生を重ねるにしたがってじわじわ効いてくる，もっと時間数が欲しいと言った回答に示されている。本書で明らかにされたこれらのエビデンスは，家庭科は生涯を充実して生きる生活能力の獲得であり，非常に重要であること，学校教育の中でそれを行うにはより多くの時間数が必要であることを示す論拠ともなるだろう。

　おわりにあたって，ここからは，「家庭科のこれから」を展望してみたいと思う。新学習指導要領に示された学びのかたち，それを家庭科ではどのような資質・能力として子どもたちに届けていくか，教科の力を存分に発揮できる「家庭科のこれから」をどうつくるかを考えてみたい。

1　新課程にみる教育の課題

　知識・情報・技術をめぐる加速度的な変化，情報化，グローバル化の予想を超える進展，世界規模での相次ぐ自然災害等，様々な課題が山積する中で，これからの時代に生きる子どもたちには，変化への対応に留まることなく，変化を乗り越えて新たな価値の創造に向かう力，自ら人生を切り拓き，持続可能な社会の創り手にもなるための資質・能力を身につけることが期待されている。

今日求められているそうした力を，学校教育での学びのかたちとして表したのが「知識及び技能」「思考力，判断力，表現力等」「学びに向かう力，人間性等」という３つの柱で示されている主体的・対話的で深い学びであり，深い学びを通じて向かっていく先にあるのが，各教科の本質をなす教科固有の見方・考え方であるといえよう。

　一方で，子どもたちは，学校での勉強が知識のレベルに留まっており，当事者意識が希薄なこと，経験不足という課題があり，「経験すること」の重要性が強調されている。地域での参加，仲間との協力・協働などの経験を通して社会的スキルを学び，多様な人々と互いを尊重しながら協働しつつ，自らの生き方を育んでいけるような教育への転換が図られている。

　このような潮流において重要な教育課題は，子どもたちの自立と自立を損なわない協働，そして，自立と協働によって創り上げていく未来の生活：生活の質の追究，自然環境に限定しない広い意味での持続可能な生活の形成であり，それを子ども自身が経験として獲得していけることである。

　本書において家庭科の学びの柱として示された「生活の科学的認識」，「生活に関わる技能・技術の習得」，「他者との協力，協働，共生」，「未来を見通した設計」という４つの視点は，いずれもこのことに深く関連している。新学習指導要領に示された「生活事象を，協力・協働，健康・快適・安全，生活文化の継承・創造，持続可能な社会の構築等の視点で捉え，よりよい生活を営むために工夫する」という教科の見方・考え方へと，家庭科の学びをつなげていく道筋を具体的に示したものともいえよう。

２　これから家庭科が育む資質・能力―４つの視点のつながりをつくる―

　４つの視点については第Ⅱ部にある通りである。４つの視点の意義，そこから家庭科における主体的・対話的で深い学びを実現する道筋，そしてその視点のもとに展開された授業が如何に可能性に満ちたものであるかが示されている。

　４つの視点が示しているのは，１つには，生活の捉え方，生活を営む上で必要な知識・スキル，もう１つは，それを使ってどのような生活や社会をつくっていくか，そこに向かっていくために育てたい力という２つの側面をもっている。

　小・中・高等学校と継続する学びでは，時間軸としては，今ある自分からライフステージを通した人生へ，空間軸としては自分の身の回りの生活から地域コミュニティそして社会全体へと，学びを広げ，深めていく。どの領域の学習においても，何を題材にとっても，その２つの側面が別々のこととしてではなく一連のつながりとして提供されるのが家庭科の学びの方法である。

　家庭科が，既存の課題に対応する１つの解を教えるのではなく，子どもたち自らが学習課題を設定し，学びを通して根本的な発見をし，ものの見方が変わり，そして，そこからたくさんの答えを自ら導き出せるように促す教科であるのは，基礎となる知識・技能がしっかりと習得

されているからである。

　更に,生活に対する科学的認識基本的知識・技術を身につけながら,子どもたちが学んでいるものはもっと多様である。自分の生活を成り立たせるために必要な基本的なことを学びながら,それを通じて,仲間と学び続ける仕組み,協力すること,失敗から学び,試行錯誤しながらやりきること等,様々なことを経験し,そこから自立と共生の意味を,実践を通じて考え,身につける。家庭科の学びでは,生活知識・スキルの獲得が基盤となり,そのことが,家庭科のもつ幅広い時間軸,空間軸を捉える視点と方法のもとで応用され,これからの生活や社会へ,参加,協働,合意形成,共生,持続可能性など生活の包括的な理解へとつながっていくところに大きな特徴がある。

　例えば,男女のパートナーシップの課題を,家庭科では,社会に存在する固定的な性別役割分業の撤廃を目的として,そのこと自体を学ぶのではない。自分の身の回りの生活をいかに気持ちよく,調和的で公平に成り立たせるかという課題の設定から入り,そこから生活の基本的なしくみとして当然あるべき男女のパートナーシップのかたちを子ども自らが発見する。発見された答えは,固定的な性別役割分業の見直し,男女の共同参画,平等な関係性の理解に至っているという方法論である。

　持続可能な社会の形成についても,家庭科では,環境保全のために知識を学び,現在の社会の枠組みを前提として,できるだけ環境破壊を少なく,行動できるようにするのではない。子どもたちが自分の身近にある様々な環境との相互作用の経験を積み,自ずと環境との調和的なライフスタイルを身につけていく。それは環境保全のための学習ではなく,自分のライフスタイル獲得の過程であり,そこで形成されるライフスタイルは結果として持続可能な社会の形成につながっていく。社会の規範としてではなく,自分にとって快適な心地よい環境との関わりのありようを,経験を通して身につけるのである。

　このように,私的領域と公的領域の境を超えて,自分─家庭生活─地域コミュニティという広がりのなかで,自立と共生,平等,持続可能性といった,いわゆる社会的な課題がごく自然に自分の生活とつながっているものとして理解できるところに家庭科の育むリテラシーの特徴がある。自分の経験に基づいて導き出したものであるから知識として教えられたものとは違う。自分の生活と結びつき,現存する課題に対応するだけではなく新しい価値の創造にむかう力,新課程がもとめる経験力がそこからうまれる。家庭科の学びが導く生活のリテラシーとは,「そのことを学び,そのことを理解する」のではなく,「1つのことを学び,そこからつながり,生活を成り立たせている道理がわかる」,それが社会的課題にも応用されていくところにある。

3　家庭科のこれから

　急速な社会の変化の中で,家庭科はこれからもますます重要な役割を担い続けるだろう。例えば,消費の領域では,これまでは生産者 vs 消費者という枠組みで,子どもたちを消費者：

守られる人と位置づけ，できるだけ被害に遭わないように，生産者と対等な立場にある自立した消費者を目指して必要な情報，知識・技能の習得を中心課題にしてきたが，民法18歳成年引き下げへの改正を受けて，高校生は卒業してすぐに消費行動の主体者として加害者にもなりうるケースが増えてくることを考えると，生産者 vs 消費者に替わる新しい枠組みが必要になる。

　加速化する人工知能の進展に伴い，人間力のある子どもたちを世の中に送りだす家庭科への期待も大きい。どういう生活をつくりたいのかを問い続け，人間らしい生活，ほんとうの意味での生活の豊かさに対する強い欲求をもつ子どもたちを育てていくことが大きな課題である。

　SDGs のターゲット4.7に示されているように，これからの持続可能な社会の実現には，それをライフスタイルとして考えることができる子どもたちを育てる教育が求められている。自分のことから拡げて，それをシームレスに社会的課題に繋げる力を育てる家庭科の発想が必要とされている。

　このように考えると，これからも家庭科の扱う課題は広がっていくだろうが，それは新しいコンテンツをどんどん増やし，家庭科の学習内容が拡散することとは違う。「今」から，「よりよい生活の実現」へと向かう際に，多様な考え方，価値観や人生設計の違いを超えて，そこに盛り込まれるべき基本的なこと，生活の「しくみ」の体得を通じて，生活のリテラシーを身につけるという家庭科のロジックが，ますます大事になる。

　他の教科との連携もより一層重要になるだろう。教科のさまざまなところに散らばっている情報，知識，技能などをつなげ，「今」から，「よりよい生活の実現」へと向かう子どもたち一人ひとりの全体系の中で総合化することも，家庭科だからこそできること。その強みを生かして，これまで以上意識的に教科連携の中核としての役割を担っていきたい。

　最後に，本書の編集に関わる中で，新しい課題もみえてきた。それは，生涯を通して学び続ける教科として家庭科を位置づけ，小中高等学校での必履修，時間数のより一層の充実はもちろん，大学生にも社会人にも，高齢者にも，ライフステージの折々に学べる機会を提供していくという課題である。本書で紹介したように，家庭科を学んでいる高校生の声，もっと学びたいという社会人の声，様々なところにその必要性が示されている。生涯を充実して生きる生活能力の獲得であるはずの家庭科の学習機会が，高等学校までのライフステージで閉ざされてしまうのは，もったいない。18歳以降の成人にも学習の機会を広げ，人生100年時代を共にたくましく生きることに寄与する家庭科を創り上げていきたい。

工藤　由貴子

付録　　高校生調査

◆あなたのことについてお伺いします。あてはまるところに○をつけてください。

学年　1年　2年　3年
学科　1．普通科　2．総合学科　3．専門学科（　　）科
性別　男　女

◆以下の質問について、自分にあてはまるものに○をつけてください。

1. あなたのふだんの生活について伺います。以下の①～⑪のそれぞれについて、1～4のうちあてはまるものの1つに○をつけてください。

4いつもする‐3時々する‐2あまりしない‐1しない

① 包丁やフライパンなどを使って食事をつくる
② 食事は栄養バランスを考えて食べる
③ ボタンがとれたときに、自分でボタンをつける
④ 季節や気候、場面にあった服を自分で決める
⑤ 部屋や身のまわりの整理、整とんができる
⑥ 近隣の人との住まい方のルールやマナーを守って生活する
⑦ バスや電車でお年寄りや身体の不自由な人がいたら席をゆずる
⑧ 電気や水を使いすぎないようにしている
⑨ 商品を選ぶときは品質表示を確認する
⑩ インターネットの情報が正しいかどうか考えるようにしている
⑪ 生活時間や生活リズムを自分でコントロールしている

2. 以下の①～⑨のそれぞれについて、1～4のうちあなたの考えに一番近いものの1つに○を付けてください。

4そう思う‐3どちらかといえばそう思う‐2どちらかといえばそう思わない‐1そう思わない

① 夫は外で働き、妻は家庭を守るべきである
② 女性の仕事は、家事や育児と両立できるパートタイマーがよい
③ 男女とも経済的に自立すべきである
④ 男女で家事育児は協力して行うのがよい
⑤ 同じ仕事内容でも男性に比べて女性の給料が安いのは問題である
⑥ 政治や会社の管理職に、女性が少ないのは問題である
⑦ 女性は、男性よりも料理や裁縫が上手である
⑧ 男性は、女性よりもリーダーシップがある
⑨ 運動部のマネージャーは女子の方がよい

3. あなたは「自分」についてどのように思いますか。以下の①～⑩のそれぞれについて、1～4のうち一番近いものの1つに○を付けてください。

4そう思う‐3どちらかといえばそう思う‐2どちらかといえばそう思わない‐1そう思わない

① 自分の長所・短所を理解している
② 物事にはいい面と悪い面があることを踏まえ、自分なりに考えて行動している
③ 困難な状況においても、自分で問題の打開策を考えて、解決しようとする
④ 自分ひとりで限界を感じたときには、誰かに相談したり、助言を求めたりすることがある
⑤ 責任のある役割はなるべくしたくない
⑥ 人のために行動することが好きだ
⑦ 自分には自慢できるところがある
⑧ 私はだいていの人がやれる程度には物事ができる
⑨ 私は時々、自分が役立たずだと感じる
⑩ 何事もうまくいかないのは自分のせいだと思いがちだ

4. あなたは「あなた自身が自立する」うえで、以下のことはどの程度重要だと思いますか。以下の①～⑥のそれぞれについて、1～4のうちあなたの考えに一番近いものの1つに○を付けてください。

4重要である‐3どちらかといえば重要である‐2どちらかといえば重要でない‐1重要でない

① 経済的に自立する（一人前に収入を得る）
② 生き方を自分で選択することができる
③ 身の回りのことや家事・育児ができる
④ 人とかかわり、人を支えたり助けたりすることができる
⑤ 体のしくみがわかり、自分や相手の望まない妊娠を避けることができる
⑥ 公共の場で、市民としてのマナーを守る

5. 政治や政策に関する①〜⑤のそれぞれについて、1〜4のうちあなたの気持ちに近いものの1つに○を付けてください。

4そう思う-3どちらかといえばそう思う-2どちらかといえばそう思わない-1そう思わない

① 国の政治や政策に関心がある
② 自分たちの生活は国の政治や政策の影響を受け関係が深い
③ 自分たちの考えをたくさん集まれば政治や政策に反映させることができる
④ 政治や政策に関心をもちたくたくても生活していけるので、関わりたくない
⑤ 政治や政策についてもっと学んだり話したりしたい

6. 以下の活動のなかで今後参加してみたい活動はありますか。①〜④のそれぞれについて、1〜4のうちあなたの考えに近いもの1つに○をつけてください。

① 地域のレクリエーション・スポーツや自治会・町内会活動（祭り・バザー等）
② 災害時の救助や復興に関わる支援活動
③ 子ども、高齢者、障がいのある人の手助けなどのボランティア活動
④ 青年海外協力隊など、自分の専門を生かした海外でのボランティア活動
⑤ 環境保護のための活動や学習
⑥ 特になし

7. 家庭科をどのような教科と思いますか。①〜④のそれぞれについて、1〜4のうちあなたの考えに近いもの1つに○をつけてください。

① 家庭から社会へも目を向け、家庭の在り方や生き方について学ぶ教科
② 家庭生活を中心とした人間の生活について、実践的に学ぶ教科
③ 将来、結婚したり子育てをしたりするための知識や技術を習得するための教科
④ 料理や裁縫などの家事や身辺整理の仕方について学ぶ教科

8. 家庭科の学習に関する①〜④のそれぞれについて、1〜4のうちあなたの気持ちに一番近いもの1つに○をつけてください。

4そう思う-3どちらかといえばそう思う-2どちらかといえばそう思わない-1そう思わない

家庭科を学ぶと
① 家庭や暮らしの問題への関心が深まる
② 自分の生活を振り返ったり見直したりすることができる
③ 自分の将来や人生のことなど普段あまり考えないことに目がむくようになる
④ 手や体を使って技術を身につけたり、生活に役立つことを学んだり、他の教科とは違った生きた勉強ができる
⑤ 生活の問題を見つけたり、それをどう解決するかを考えたりできる
⑥ 実習で力を合わせたり、調べ学習などで話したり、友達の意見を聞いたりすることができる

9. 家庭科を学んだことによる変化について伺います。以下の①〜⑪のそれぞれについて、1〜4のうちあてはまると思う-2どちらかといえばあてはまらない-1そう思わないの1つに○をつけてください。

① 生活に関する基礎的な知識や技能が身についた
② 生活の中で自分のことは自分でできるようになった
③ 家庭生活は男女が協力してするものであると考えるようになった
④ 幼児やお年寄り、障がいのある人への理解が深まった
⑤ 環境に配慮した生活を心がけるようになった
⑥ 商品を買うとき、表示を見て比較したり、計画的に購入したりするようになった
⑦ 子育ての意義と親の役割について考えるようになった
⑧ 将来のことやこれからの人生について考えるようになった
⑨ 少子高齢化や消費者問題など、今日の家庭生活にかかわる社会問題について考えるようになった
⑩ 調理実習などグループ活動で協力して行うことができた
⑪ 話し合いや発表活動で人の考えに耳を傾けたり、自分の考えを伝えられたりするようになった

10. 家庭科の授業でしたいこと、知りたいこと、増やしてほしいことなどの要望を自由にお書きください。

社会人調査

◆あなたご自身のことについておたずねします。あてはまる番号に○を付けてください。

1)性別	1 男、2 女
2)年齢	2016年4月1日現在： 1 29歳以下、2 30～37歳、3 38～49歳、4 50～59歳、5 60歳以上
3)職業	1 あり、2 なし → 1の方 勤務形態 1 正規社員、2 非正規社員のフルタイム、3 非正規社員の短時間勤務、4 自営業、5 その他
4)住い	1 家族と同居（単身赴任も含む）、2 家族以外と同居、3 ひとり暮らし、4 その他
5)配偶者の有無と配偶者の職業	1 あり（事実婚も含む）、2 なし（離別・死別含む） 1の方 配偶者の勤務形態：配偶者の職業 1の方 1 正規社員、2 非正規社員のフルタイム、3 非正規社員の短時間勤務、4 自営業、5 その他
6)子供の有無	1 あり、2 なし 1の方 末子が：1 小学生以下、2 中・高校生、3 それ以上

◆あなたが卒業された高等学校についておたずねします。

1) 学科：1 普通科、2 専門学科、3 総合学科、4 その他
2) 男女共学か別学か：1 男女共学校、2 男子校、3 女子校
3) 高等学校在学中に家庭科を学びましたか：
   1 学んだ、2 学ばなかった、3 覚えていない

「1 学んだ方」→ 質問A ＋ 質問Bへ、
「2 学んでいない方」「3 覚えていない方」→ 質問Bへ

質問A「高等学校で家庭科を学んだ方」への調査項目

(1) あなたは高等学校で家庭科を学んだことについて、現在どのように受け止めていますか。1～4のうちあてはまるもの1つに○を付けてください。
1 学んでよかった
2 どちらかというと学んでよかった
3 どちらかというと学んでよかったとは思わない
4 学んでよかったとは思わない

(2) 高等学校で家庭科を学んだことによる変化についてお尋ねします。①～⑦の項目について、1～4のうちどちらかといえばそう思う－どちらかといえばそう思わない－1つに○を付けてください。
4 そう思う－3 どちらかといえばそう思う－2 どちらかといえばそう思わない－1 そう思わない

① 家庭生活は男女が協力して営むものと考えるようになった
② 家族のことを考えるようになった
③ 子育ての意義や親の役割などへの関心が深まった
④ 生活に関する基礎的な知識や技能が身についた
⑤ 将来のことやこれからの人生について考えるようになった
⑥ 少子高齢化や消費者問題など、今日の家庭生活にかかわる社会問題について考えるようになった
⑦ 実験や調べ学習を通して、生活を科学的に見つめるようになった

140

⑦ 環境に配慮した生活を心がけている
⑧ 地域の人と協力した活動等に取り組んでいる

3. 家庭科はどのような教科だと思いますか。①～④の項目について、①～④のうちあなたの考えに一番近いものの1つに○を付けてください。
4そう思う－3どちらかといえばそう思う－2どちらかといえばそう思わない－1そう思わない
① 家庭から社会へ目を向け、家庭や地域社会の在り方について学ぶ教科
② 家庭生活を中心とした人間の生活について総合的、実践的に学ぶ教科
③ 将来、結婚したり子育てをしたりするための知識や技術を習得するための教科
④ 料理や裁縫などの家事や身辺整理の仕方について習得する教科

4. これからの家庭科では、どのようなことを重視したらよいと思いますか。①～⑥の項目について、①～④のうちあてはまるものの1つに○を付けてください。
4重視する－3どちらかといえば重視する－2どちらかといえば重視しない－1重視しない
① 衣食住の知識や技能の習得
② 家族や家庭生活、子どもや高齢者、社会福祉などについての理解
③ 消費生活や環境に配慮した生活についての理解
④ 人の一生や将来を見通した生活設計などの理解
⑤ 家庭・地域社会の問題や課題への改善への取り組み
⑥ 生活を科学的にとらえる視点の習得

5. 「家庭科で学びたかったこと」や「家庭科を学んでよかったこと」などをご自由にお書きください。

質問B [全員の方]への調査項目

1. 現在のあなたの考えや日常生活における家事や育児などについて、おたずねします。

(1) ①～⑤の項目について、①～④のうちあなたの考えに一番近いものの1つに○を付けてください。
4そう思う－3どちらかといえばそう思う－2どちらかといえばそう思わない－1そう思わない
① 夫は外で働き、妻は家庭を守るべきである
② 男女ともに働いて経済的に自立するのがよい
③ 家事・育児は男女とも協力して行うのがよい
④ 同じ仕事内容でも男性に比べて女性の給料が安いのは問題である
⑤ 政治や会社の管理職に、女性が少ないのは問題である

(2) ①～④の項目について、①～④のうちあなたの気持ちや考えに一番近いものの1つに○を付けてください。
4そう思う－3どちらかといえばそう思う－2どちらかといえばそう思わない－1そう思わない
① 政治や政策に関心がある
② 個人の考えを発信したり、賛同者が集まったりすることで、政治や政策に影響を与えることができる
③ 市民活動やボランティアに関わりたい
④ 少子高齢化や消費者問題など、生活にかかわる問題に関心がある

2. ①～⑧の項目について、①～④のうちあてはまるものの1つに○を付けてください。(未婚の方や子どもがいない方は、自分ならどうしたいか記入してください)
4する－3どちらかといえばする－2どちらかといえばしない－1しない
① 子どもの園や学校の活動には積極的に参加する
② 子どもや家族が病気の時には仕事を調整して対応する
③ 日常の食事の支度や片づけなどは、夫婦で協力して行う
④ 生活に関わることは、夫婦で話し合って決める
⑤ 日常生活の身の回りのことは自分でする
⑥ 商品を購入するときには、比較したり計画を立てたりしている

執筆者一覧　　　　　　　　　　　　　　　　　　　　　　　※以下の所属は2019年3月現在

はじめに	荒井紀子（大阪体育大学）	

第Ⅰ部　高校生調査　野中美津枝（茨城大学）
　　　　　　　　　　鈴木真由子（大阪教育大学）
　　　　　　　　　　鈴木民子（東京都立日野高等学校）
　　　　社会人調査　藤田昌子（愛媛大学）
　　　　　　　　　　日景弥生（弘前大学）
　　　　　　　　　　高木幸子（新潟大学）
　　　　　　　　　　小川裕子（静岡大学）
　　　　　　　　　　中西雪夫（佐賀大学）
　　　　　　　　　　財津庸子（大分大学）
　　　　調査まとめ　荒井紀子（大阪体育大学）

第Ⅱ部　1　　河村美穂（埼玉大学）
　　　　　　　赤塚朋子（宇都宮大学）
　　　　2（授業者・読み解き）
　　　　　　1　浅野和子（横浜市立港南中学校）・葛川幸恵（横浜市立領家中学校）
　　　　　　2　樋口里子（筑後市立筑後北中学校）・貴志倫子（福岡教育大学）
　　　　　　3　手塚貴子（（前）東京農業大学第一高等学校，（現）函館短期大学）
　　　　　　　志村結美（山梨大学）
　　　　　　4　西岡真弓（和歌山市立西浜中学校）・今村律子（和歌山大学）
　　　　　　5　池下香（香川大学教育学部附属坂出中学校）・妹尾理子（香川大学）
　　　　　　6　佐貫浩子（静岡大学教育学部附属島田中学校）・小清水貴子（静岡大学）
　　　　　　7　永井敏美（富山県立砺波高等学校）・綿引伴子（金沢大学）
　　　　　　8　崇田友江，鮫島奈津子（東京家政大学附属女子中学校高等学校）
　　　　　　　青木幸子（東京家政大学）
　　　　　　9　清永康代（熊本県菊陽町立武蔵ケ丘北小学校）
　　　　　　　鈴木真由子（大阪教育大学）
おわりに　　工藤由貴子（日本女子大学）

高校生調査・社会人調査

日本家庭科教育学会特別研究委員会（家庭科未来プロジェクト）　メンバー　　代表＊

　　荒井紀子＊（大阪体育大学），小川裕子（静岡大学），河野公子（聖徳大学非），
　　財津庸子（大分大学），鈴木民子（都立日野高校），鈴木真由子（大阪教育大学），
　　高木幸子（新潟大学），中西雪夫（佐賀大学），野中美津枝（茨城大学），日景弥生（弘前大学），
　　藤田昌子（愛媛大学）

【編者紹介】

日本家庭科教育学会
The Japan Association of Home Economics Education

〒112-0012 東京都文京区大塚4-39-11 仲町YTビル3F
Tel, Fax 03-3942-0885

〈編集委員〉

荒井　紀子	日本家庭科教育学会	会長
工藤由貴子	同	副会長
赤塚　朋子	同	副会長
河村　美穂	同	副会長
高木　幸子	同	研究推進理事

未来の生活をつくる―家庭科で育む生活リテラシー

2019年6月初版第1刷刊　Ⓒ編　者　日本家庭科教育学会
発行者　藤　原　光　政
発行所　明治図書出版株式会社
http://www.meijitosho.co.jp
(企画)木村　悠 (校正)㈱APERTO
〒114-0023　東京都北区滝野川7-46-1
振替00160-5-151318　電話03(5907)6702
ご注文窓口　電話03(5907)6668
＊検印省略　　　組版所　藤原印刷株式会社

本書の無断コピーは，著作権・出版権にふれます。ご注意ください。

Printed in Japan　ISBN978-4-18-062424-9
もれなくクーポンがもらえる！読者アンケートはこちらから→